U0336520

陈春花——著

管理的常识

THE
COMMON
SENSE
OF
MANAGEMENT

机械工业出版社
CHINA MACHINE PRESS

图书在版编目（CIP）数据

管理的常识 / 陈春花著. —北京：机械工业出版社，2024.1
ISBN 978-7-111-74952-3

Ⅰ.①管⋯　Ⅱ.①陈⋯　Ⅲ.①管理学 - 基本知识　Ⅳ.①C93

中国国家版本馆 CIP 数据核字（2024）第 034647 号

机械工业出版社（北京市百万庄大街 22 号　邮政编码 100037）
策划编辑：白　婕　　　　　　责任编辑：白　婕　王　芹
责任校对：王乐廷　刘雅娜　　责任印制：刘　媛
涿州市京南印刷厂印刷
2024 年 5 月第 1 版第 1 次印刷
147mm×210mm・9.875 印张・3 插页・154 千字
标准书号：ISBN 978-7-111-74952-3
定价：79.00 元

电话服务　　　　　　　　　　网络服务

客服电话：010-88361066　　机　工　官　网：www.cmpbook.com
　　　　　010-88379833　　机　工　官　博：weibo.com/cmp1952
　　　　　010-68326294　　金　书　网：www.golden-book.com
封底无防伪标均为盗版　　机工教育服务网：www.cmpedu.com

献 给

那些下决心在工作中不再
折磨自己和下属的经理人

企业持续增长
需要依赖管理的常识

什么是管理？管理以什么为导向，以什么来检验？这些是每一个管理者都需要面对和回答的问题。管理实践中之所以存在很多误解、偏差以及资源的浪费，是因为大家在管理上以经验为导向，按照自己的个性去发展，过度使用资源而不是让管理本身发挥效能，依赖管理者个人的技能，不以绩效结果来检验。

2009 年我写《管理的常识》这本书时，正是围绕这些管理误区展开的。

缘起：管理就是把理论变为常识

在最初讲授组织管理课程的时候，我就一直被这样一些问题困扰：

- 为什么同样的资源和人，交给不同的管理者管理，结果相去甚远？
- 为什么这么多人陷入无效甚至毫无意义的工作？
- 影响人们有效工作的关键因素是什么？
- 为什么这么多人觉得组织并没有使他们发挥出作用？
- 管理真正的价值到底体现在哪里？

对于这些问题的思考和研究，一直贯穿在我的整个教学、研究和企业实践中。我知道，如果不能解决这些问题，很多人的付出就会被浪费，工作也会变得毫无价值，而解决了这些问题，人们在工作中就可以做出巨大的贡献。管理的确关系到我们每一个人的切身利益。导致出现这些问题的核心因素就是：没有很好地理解管理。无论是人们对管理相关概念的理解，还是对管理相关理论及其规律的认识，都产生了偏差，甚至在很多基本概念的理解上存在错误。这些认知上的偏差，导致了管理行为上的偏差，从而影响了人们的绩效。换个角度说，管理者自身存在管理认知偏差，导致下属无效地工作。

从本书中，读者可以了解到：

- 管理就是让下属明白什么是最重要的。
- 管理不谈对错，只是面对事实，解决问题。
- 管理是"管事"，而不是"管人"。

- 管理就是让组织目标与个人目标合二为一。
- 管理就是让一线员工得到并可以使用资源。
- 管理只对绩效负责。
- 公司为什么不是家。
- 在组织中，人与人是公平而非平等的。
- 组织结构解决权力与责任匹配的问题。
- 领导如何发挥作用。
- 人为什么要工作。
- 人不流动，也许是安于现状、不求发展。
- 群体决策不是最好的决策，而是风险相对小的决策。
- 目标为什么可以不合理。
- 不是变化快，而是计划没有考虑到变化。
- 控制到底如何发挥效用。

  …………

　　这些都是在日常管理中必须了解的常识，如果我们没有正确的认识，就会产生很多管理行为偏差，进而导致绩效结果受到影响。事实上，在大部分效率低下、内部无法协同的组织中，对管理常识的误解这一因素占绝对主要地位。很多时候，我并不认为是员工的素质差或者企业文化不行。遇到管理不畅、员工能力弱的情况，管理者首先需要检讨的是自身对管理的认知及行为是否正确。只要管理者具有正确的认知和行为，所有人的绩效就一定会展现出来。

　　这就是我写作本书的缘起。管理就是把理论变为常识。

读者和编辑指引下的完善之处

本书在 2016 年进行过重新梳理，基于读者和编辑给我的一些指引，在原有的七个基本概念的基础上把"控制"加进来。从 2022 年开始，本书继续在读者和编辑的指引下进一步完善，主要体现在结构和内容两个方面。

为更益于读者学习与实践，本书进行了以下结构上的完善。

- 调整了章的顺序，前半部分是基本概念，后半部分是工作流程，并按照"计划""控制""激励"的流程顺序排列章节。
- 调整了部分章内节的顺序，以更符合读者的学习习惯。
- 修改了部分章节的名称，以平衡"总结式"标题和"醒目句式"标题，希望既能方便读者学习检索，又能让读者对关键原理印象更深刻。

同时，为了帮助读者更有效地理解书中的内容，本书对一些重要观点做了进一步的解释，增加了案例，并且补充了部分在实践中需要重视的要点。具体如下：

- 在"管理"一章的开篇，对"管理没有对错，只是面对事实，解决问题"做出了解释。这也有助于读者理解后续的相关内容。

- 进一步总结了关于品德与才干的管理常识：品德是选拔人员的前提条件，才干是绩效产出的关键因素。
- 用典型案例为读者呈现了经营与管理的内涵和区别。
- 通过流程管理的案例补充，进一步指引读者学习流程管理的精要。
- 对"公司不是家"进行了理论溯源，以此加深读者的认知。
- 用更多案例呈现了"奉献关系"，这会让读者对此有更深的感触。
- 对专业术语"直线"和"幕僚"进行了通俗的解释，帮助读者认识组织结构中的不同角色或职责。
- 帮助读者在管理学的发展中看到领导和管理的关联。
- 对如何看待"无心无力"的员工做出了进一步的解释。
- 回到"代际问题"的经典理论来看待"新生代员工"，或许读者可以有新的启示。
- 从产权理论看经理人和核心人才的登场，由此启发读者对人力资本的本质认知。
- 在决策的步骤中穿插了诸多案例，让读者更清晰地看到在实践中要把握好的若干决策关键点。
- 通过更多案例启发读者意识到自己认知中的"错觉"，从而形成正确的认知和决策。
- 在"为什么'计划没有变化快'"部分增加了案例和

解释，读者或许可以从中发现解决之道。

- 在"控制"一章增加了诸多内容，包括经典案例以及"不可忽视的三个控制内容"。

…………

还有诸多细节内容都进行了完善，在此要特别感谢读者和编辑给予我指引。

等我全部梳理完本书，再仔细回想，发现：相比过去，从 2009 年到现在，在管理知识教育以及实践层面，大家都做了更多的努力和尝试。今天，工商管理教育已经相当普遍，拥有管理知识的管理者的比例也非常可观，但是管理的效果，相比投入来说变化并不明显，所以我想聚焦三个关键认识，把管理再界定得清楚一些。

认识一：管理必须面对问题，解决问题

首先需要特别强调的是，做管理必须面对问题，解决问题。管理对每个人最大的挑战是，它永远在问题当中，而不是在成就当中。所以优秀的管理者会告诉你："我战战兢兢，如履薄冰。"因此，有时我很讨厌做管理，因为它总是完成一个目标就会有新的目标，解决完一个问题还会有下一个问题，没有一个可以终止的时间点，管理者总是在解决问题的路途中。

好的管理者能让上司和下属获得绩效。如果你发现，因

为你的存在，你的上司没有绩效，下属没有绩效，那你就不是一个好的管理者。从这个意义上讲，管理者自己是没有绩效的，管理者的绩效来自上司与下属。

管理具有两个属性：一是实践与经验属性，二是知识（理论）属性。很多管理者没读过多少书，没学过管理，却做得很好，是因为管理有实践与经验属性。有的人从来没做过管理，但也可以把管理做好，是因为他拥有管理知识的储备。管理的这两个属性，看似对立，实则不然。任何事情，只要能找到规律，就能变为知识，变为知识就可以复制，就可以学。

认识二：管理需要结果检验和外部评价

怎样检验管理的好坏？管理其实是需要结果检验和外部评价的，而不是由管理者自己来做对错判断。你要与你的同行比管理，你管理的公司是不是利润最高、增长最快、销售额最高的？如果是，那你的管理就是好的管理。

有的总经理说，前 30 年他不懂管理，公司照样发展得很快。那是因为外部经济环境一直在高速增长，他赶上了中国改革开放的好时机，市场供不应求，公司怎么做都行，不用多好的管理。但管理者不要因此认为管理不重要，也不要因此认为自己懂得管理，很多时候是外部增长帮助企业实现了增长。现在，外部环境发生了巨大改变，甚至有的行业产能过剩，不再增长，很多老板说赚钱难，因为市场对企业的要求提高了，企业面临着产能过剩、顾客稀缺、供过于求等问题。企业管理者如果再不好好管理，企业将很难做下去。

有关"什么样的CEO才是好CEO"的话题引发过很多争论，甚至某个CEO是否胜任，也常常成为公众热议的话题。我没有直接去回答这样的问题，因为一个CEO是否胜任，其所负责的企业的经营结果已经给出了答案，并不需要我们再去做额外的评价。人们之所以对这个话题感兴趣，究其根本，是因为还未完全理解对管理的评价是包括结果检验和外部评价的，人们还是习惯基于自己的感受和经验去做评价。我非常希望大家可以更正过来，形成一种用结果检验的习惯与氛围，这样管理才能够做到简单有效。

认识三：管理的核心价值是激活人

就管理本身而言，它的确是处理有关人与事、人与资源的关系，而事或者资源都是由人来激发价值的，所以管理的核心价值是激活人，让人与事、人与资源的组合产出最大化。所以，德鲁克先生认为管理者必须卓有成效，我很认同。

在我看来，管理具有三重价值。第一重价值是发挥员工的价值。管理产生的绩效，最终体现在下属的成长中，因为企业的绩效来自员工，特别来自一线员工，他们完成定额，实现低成本，保障产品质量，并直接与顾客沟通。如果没有他们，就不会有企业的绩效，也就不可能产生管理的价值。

第二重价值是激发员工的潜力。在我个人的管理实践中，我发现每个人所具有的潜能都是超乎想象的，因此不要认为没有合适的人，也不要简单地认定一个人是否胜任某项工作，在大部分情况下，只要能够激发他的潜能，并配给相应的资源，他都是可以胜任岗位并产生绩效的。正因为如此，我一直认为如果发现员工不胜任工作，或者做得不够好，先要探讨的是管理者是否激发了他的潜能，是否给予了他足够的资源，并帮助其找到发挥效能的途径和方法。如果我们愿意这样努力，就会看到成效。

第三重价值是激发团队的潜力。本书中关于组织的部分会特别谈及奉献关系，并借助 NBA 优秀的团队案例来展现奉献所带来的成效。这些年勇士队取得了可以载入 NBA 史册的非凡成就，让人们看到了四年三冠的勇士王朝，当然，这与球队的巨星库里息息相关。但是，纵观 NBA 历史，不少球队都拥有巨星，和库里同级别的巨星所在的球队却未曾取得勇士队这样的辉煌战绩。这就是团队的魅力，而其中的关键或许在于库里这个巨星与周遭形成了奉献关系，进而激发出了整体的力量。看看库里常年坚持的 TCC 信念，因为愿意信任（Trust）、承诺（Commitment）和关怀（Care），这位有能力的巨星真正与组织融为一体。这让我们更加确定使库里作为领袖存在的，不仅仅是其个人能力，更有其对团队整体的激活，进而让诸多队友变得不凡，成就了冠军梦想。

　　此外，库里更大的影响力表现在对整个组织或篮球运动的影响上，他开启了"小球时代"，让更多人或角色得以释放价值，甚至从某种程度上来说，"小球时代"的打法更加展现了团队的风采。勇士队是"小球时代"的代表，让人们真正看到了小球打法的特征和持续威力。在"小球时代"，每个球员的角色不再像以往那样固化，他们在进攻上不依赖中锋甚至没有身材高大的中锋，而是多人轮流持球进攻，通过快速移动和配合创造出更多进攻机会，每个人都表现出灵动与合作，这也让库里的远投能力得以充分发挥。也因此，善打小球的球队往往得分更高，并且由于小球打法灵活高效、更容易拉开比赛的分差，即便比分落后也有可能快速扳回，所以要想赢善打小球的球队，难度更大。确切地说，勇士队的得分利器并非仅指库里或某个人，而是指团队作战。由此，勇士队的阵容配置被誉为"死亡五小"，虽是"小个儿"阵容，但因为团队潜能的释放而极具震慑力。当然，这并不意味着高大的中锋会被淘汰，而是要求其向更灵动的方向进化，并且还要加强投篮能力。这样的小球打法的确在某种程度上改变了 NBA 和篮球运动的风格，呈现出了这项运动与以往不同的魅力，甚至触动了更多没有身材优势的人因为可以发挥自己的潜能和价值而更加喜欢这项运动。所以，"小球"让这项运动更加大众化，更加普及。让每个人或者单个看似普通的人释放出潜能，这就是团队的力量，也是组织管理的能量。组织管理的核心价值就是让本不能胜任的人可以胜任，让平凡的人一起取得非凡的成就。

管理有着自己独特的功能，有着自己独特的使命与价值。德鲁克先生说："管理是一种实践，其本质不在于'知'，而在于'行'；其验证不在于'逻辑'，而在于'成果'；管理的唯一权威就是'绩效'。"期待这本书可以为你的日常管理贡献一点价值。

陈春花

2023 年 10 月于上海

PREFACE ◄ 目录

序言

01

第 1 章

管　理

管理没有对错，只是面对事实，解决问题。我之所以强调这个观点，是因为管理的好坏是用结果而不是用对错来评价的。有些人始终认为管理有对错，并且认为没有人能确保自己不犯错，我承认，这些观点在某种意义上是有道理的。但是，我们要抓住管理的核心——求得结果，也就是管理要有效。

绝大部分人都感觉自己已经非常努力地工作了，但结果却不尽如人意，到底问题出在哪里？

我们都知道，管理要把握人、物、事三者的关系。三者的不同组合会导向不同的结果，同样的人、同样的资源交由不同的管理者来运作，结果往往相去甚远。我们有时会慨叹人和人的不同，其奥妙正在于此，而管理的意义就是确保人与物组合后能做出最有效的事。如果想通过管理提升绩效，就需要对人、物、事三者的关系有明确的认识。

什么是管理

根据日常经验，管理通常被人们定义为"管人理事"，由于其中管人尤为重要，很多人便认为，只要把人管好了，管理就做好了，所以很多领导常会说"把人给我管住"。这个定义被很多人不断强化，结果管理的主要工作就变成了管人的工作，管理的最大困难也就变成了琢磨人的困难。

但是，事实真是如此吗？从工作时长来看，在中国企业中，很多员工每天工作超过 10 小时，但这 10 小时的产出结果却不像我们想象的那么好。有人说这是因为员工的基本素质不够高，也有人说是因为中国企业需要用 30 年的时间走完别人 300 年的历程，这两个原因我可以接受，但是并不完全认同。我发现，真正的原因是我们对管理的理解出了问题。

那么，什么是管理？

第一，管理就是让下属明白什么是最重要的。

咨询行业流传着一个引人深思的小故事。一个咨询顾问到一家企业去，老板非常高兴地说："你来得正好，赶紧帮我培训员工，我说什么他们都听不懂。"于是，这个顾问去培训员工了，但是员工却对他讲："你快去培训我们老板吧，他讲的我们根本听不懂。"这个故事反映出了很多企业的真实状况——老板和员工根本无法对话。

管理者有时喜欢把事情变得复杂、不易理解，以显示自己卓尔不群且富有深度，但是管理者不仅需要做出决策，还要让所有人理解并执行自己所做的决策。

我们常常看到管理者每日忙于决定他们认为重要的事，但是对下属应该做什么、每个岗位应该做什么从来不做分析、不做安排，导致每个员工都在凭着自己对本职工作的理解、对企业的热爱和责任工作，做出的结果当然很难符合标准。

评价下属有三个很糟糕的词：第一个词是"悟性"。很多管理者喜欢悟性高的下属，他们会很自豪地告诉我，小张悟性高，所以工作做得好。我认同下属的悟性高会使管理更有效，但是我们必须认识到，"悟性"是一个非常不确定的特征。当工作内容发生调整、工作技能要求发生改变时，悟性还能为下属准确理解和执行管理者的决策提供足够的保证吗？第二个词是"领会"。我们常常听到人们谈论要学会"领会领导意图",但实际上,没有进行足够的磨合,下属想弄清楚领导的意图是非常困难的。第三个词是"揣摩"。很多人喜欢揣摩上司的想法,甚至会根据揣摩得出的结论去选择工作行为。可是,错误的揣摩会导致更大的风险,这也是为什么我们常常会听到有些管理者大声训斥员工为什么做错事情。

管理就是让下属明白什么是最重要的。判断管理是否有效,只需要了解两个相邻的上下级岗位对最重要的事情的理解是否一致。比如,你先问人力资源总监如何界定人力资源经理岗位的最重要的事情,再去问人力资源经理如何界定自己岗位的最重要的事情,如果两者一致,就说明该公司的管理处于良性状态;如果两者不一致,就说明人力资源总监失职了。管理要求每一层级的管理者都要让下一层级的管理者明白所要做的最重要的事情。

第二,管理不谈对错,只是面对事实,解决问题。

几乎所有管理学图书都告诉我们,管理是一门科学,也是一门艺术。我想,管理被视为艺术,是因为管理面对的是充满个性的人;而管理被认为是科学,则意味着管理是有规律可循的,管理者要做的就是遵循管理的规律。

　　对管理规律的总结，很多人做过努力，我认为其中最具普遍意义的是：管理不谈对错，只是面对事实，解决问题。我把这一条作为管理的基本规律。我们在管理中常常犯错误，就是因为忘记了这条基本规律。

　　大部分人都会评价上司及上司的管理成效；更多的管理者坚持认为，必须对上司做出评价，因为一旦上司犯错，结果会很可怕。我同意"上司犯错会导致可怕的结果"这一说法，但是我们可以先把它放一放，因为能够成为上司的人大概率具备一定的能力。那么，我们为什么会轻易地质疑上司、质疑公司的规定呢？因为我们喜欢用对错来评价管理。但是争论管理的对错并没有什么意义，因为管理是要解决问题的。即使我们证明了自己是正确的、上司是错误的，如果问题没有得到解决，也毫无意义。

　　这也在一定程度上反映了管理与经营的关联——管理要服务于经营。有时我们可能自以为在管理上做得很好，甚至用了看似高明的管理方式，但如果不能匹配经营，管理就脱离了实际，再好的管理方式也是低效甚至无效的。所以，不要争论管理的对错，而要去看它是否解决了实际问题，看管理者是否针对企业的经营情况采取了与之相匹配的管理措施。管理只有与经营匹配，产生经营绩效，才是恰当的。

日常管理中有一个问题比较受关注：在工作现场，出现问题时管理者应该做什么？很多管理者回答：分析问题产生的原因，找到责任人，解决问题。我问他们为什么，他们告诉我，为了防止这类问题再次出现，为了将来再出现这类问题时有办法解决。表面上看，他们的回答似乎是正确的，但实际上并不符合管理的基本规律。正确的回答应该是：面对事实，解决问题。因为这个问题出现一次后可能就不再出现了，管理需要不断地解决新问题。如果我们一开始就训练员工在遇到问题后马上解决问题，而不是首先寻找原因和明晰责任，那么员工才会不管遇到什么问题马上就去解决。这才是管理应有的思维方式。

"授人以鱼，不如授人以渔"，管理需要训练的是思维方式，是养成"面对事实，解决问题"的行为习惯，而不是只寻求一个固定的方案。只有这样的管理思维和行为习惯，才能持续地帮助管理者解决问题。

更何况，问题的解决方案本身就没有绝对的对或错，可能是灵活的、变化的。杰克·韦尔奇（Jack Welch）坚持接班人一定要在 GE 内部产生，而 IBM 则启用"空降兵"路易斯·郭士纳（Louis Gerstner）做 CEO，我们能说

选拔接班人的方法是 GE 的对或 IBM 的对吗？从绩效结果
来看，这两家公司在两位新 CEO 的带领下依然保持世界领
先的地位。内部选拔的杰夫·伊梅尔特 (Jeffrey Immelt) 学
到了韦尔奇倡导的聚焦精髓，在伊梅尔特执掌 GE 的 16 年
间（2001～2017 年），GE 变得更加专业和国际化。2001
年，公司 70% 的收益来自美国本土；2016 年，公司 70%
的收益来自海外市场。⊖作为"空降兵"的郭士纳则唤醒了
僵化已久的 IBM，在他执掌 IBM 的 9 年间（1992～2001
年），IBM 不仅实现了经营业绩的增长，而且完成了向服务
方向的转型。1992 年 IBM 的净利润为 −50 亿美元；1994
年公司扭亏为盈，净利润为 30 亿美元；2001 年净利润已
经达到 77 亿美元。1992 年 IBM 的营业收入为 599 亿美
元，其中，硬件收入为 338 亿美元，占比 56.43%，服务
收入为 150 亿美元，占比 25.04%，而 2001 年，在 IBM 816 亿
美元的营业收入中，服务收入达到了 350 亿美元，占比
42.89%，硬件收入 257 亿美元，占比 31.50%。⊜

⊖ 胡舒立，王烁，孙文婧 . 专访伊梅尔特：GE 进化论 [EB/OL].
（2016-05-02）. https://weekly.caixin.com/2016-04-29/100938097.
html.

⊜ 郭士纳 . 谁说大象不能跳舞？——IBM 董事长郭士纳自传 [M]. 张
秀琴，音正权，译 . 北京：中信出版社，2003.

　　第三，管理是"管事"，而不是"管人"。

　　"管人理事"是大部分人对管理的理解，即便没有这样的概念，很多人也会在实际管理工作中强调对人的管理。正因为我们如此看待管理，所以中国企业的管理一度处于"人治"的状态。尽管管理者学习了很多管理理论和方法，但管理行为仍是依据对人的判断来进行的。而事实是，管理是"管事"，而不是"管人"。

　　以日本管理为例，日本企业管理模式中最著名的是质量管理，而质量管理来源于现场管理。现场管理的内容包括"5S"，即每一个进入现场的员工都要依次做好 5 件事：整理（Seiri，把现场物品分为有用物品和无用物品，清除无用物品）、整顿（Seiton，把有用物品放在应该放的位置上）、清扫（Seiso，把工作场所打扫干净）、清洁（Seiketsu，坚持整理、整顿、清扫并形成制度、标准，从而保持清洁）、素养（Shitsuke，自觉遵守规章，养成良好的行为习惯，不断提升个人素养，形成良性循环）。"5S"将现场管理变为可以操作的步骤，从而得到高品质产品。

　　中国很多企业都会进行 ISO 9000 认证，但是有些产品的品质还是不及日本。很多人认为这可能是因为这些企业没有养成良好的管理习惯，如果它们也像日本企业一样，一进入现场就进行"5S"管理，那么它们的产品品质也可以达到日本企业的水平。

我一直喜欢海尔的管理方式，它常常能把其他企业都在做的事情做到有结果。比如，很多企业都在强调为顾客服务，但是海尔的服务却更被公众认同，被称为"星级服务"。我观察过很多企业，为了把服务做好，它们花精力和资源做培训，建立奖惩制度，形成服务体系，灌输企业文化……用了很多办法和策略，但是效果却不明显。而海尔的服务并不像我们想象的那么复杂，只是从管理的角度设定了"星级服务"要做的几件事情："三个一"（一双拖鞋、一块抹布、一块地毯）和一通服务效果追踪电话。每一个被如此对待的顾客，都能很具体地感受到海尔的服务。

事实上，人也是无法管理的。从人性的角度来看，每个人都希望得到尊重而不是被管理，每个人都本能地认为自己有自我约束能力。尤其是那些具有自我实现能力的人，更会觉得提供给他们发挥的平台比什么都重要。在这样的认知下，如果我们不理解管理应该是管事而坚持管人的话，恐怕得不到好的管理效果。

管理要界定应该做什么事情。很多企业的管理问题就在于管理者只关心员工的态度和表现，而没有清晰地界定员工必须要做的事情，以及做事的标准。

第四，管理就是让组织目标与个人目标合二为一。

人们用各种标准来衡量管理者的管理水平，比如知识结构、管理工具、管理经验、是否为专家，等等。其实，衡量管理者管理水平的标准只有一个，就是能否通过管理，让组织里每一个人的个人目标与组织目标合二为一。

在管理中，很多管理者都会发现一个问题：有能力的员工常常不受组织目标的约束。更为可怕的情况是，有些有能力的员工会背离组织目标。在中国企业中，一个最常见的争论话题是如何看待"员工忠诚"。我认为，员工忠诚度的衡量标准应该是员工对组织目标的贡献而非其他。很多企业管理者把员工忠诚看得非常重，其根本原因是管理水平不够。管理者知道自己有价的资源有限，也知道自己的能力有限，所以只能靠无价的情感来弥补。这样做的结果是，那些需要情感满足的员工留下了，而那些想要发挥个人能力的员工离开了，这样做的企业想长久发展是绝对不可能的。

在企业中，还有一个很普遍的现象一直困扰着企业家和研究学者：在企业初创期，所有人都会全力以赴把事情做好，但是到了企业能够存活并取得一定成绩的时候，企业就开始留不住人了。更令人难受的是，一些核心成员离开后，又创立了与原企业做同样业务、处于同一市场领域的新企业。为了避免这种现象，很多企业家要求员工承诺离职后不进行相关领域的创业，甚至在合同中制定惩罚性条款。但是，这些都不能从根本上解决问题。要想真正解决问题，企业需要不断地关注员工个人目标的变化，使其在组织目标不断实现的同时也能得到实现，同时还要重视员工个人能力的不断提升。

第五，管理就是让一线员工得到并可以使用资源。

管理需要资源，其中最重要的资源是人力资源和财务资源。一个老板对我说，他不明白为什么下属做不好，因为他已经授权很多了，除了人事权和财务权，其他的权力他都给了下属。我笑着说，其实他什么权力都没给下属，因为除了人事权和财务权，其他的权力对管理来说都是次要的。我相信很多人都会同意——管理要让一线员工得到资源并有权力使用这些资源。在管理架构中，管理者因为处于上层，因此拥有资源以及资源的分配权，但越是处于上层的管理人员，离顾客往往越远，而直接与顾客接触的一线员工反而得不到资源以及资源的使用权。

有一次，我到市场上做调研，当时一家总公司派了区

域总监陪同我到分公司。我们到分公司之前，分公司经理
在电话中征询，可否在我们到达后一起与他们在当地最重
要的一位客户见面，对这位客户，分公司已经开发了 10 个
月，一直谈不下来，分公司经理希望借这次机会再争取一
下，并力图有所突破。我们到达后与这位重要客户见了面，
客户提出了一些要求，区域总监当场答应，结果分公司开
发了 10 个月的客户在不到 1 小时的时间里就被拿下了。分
公司的员工们一起庆贺，纷纷说还是区域总监厉害，但我
却很伤心。回到总公司，我说服总公司取消了区域总监这
个职位，因为这个职位并没有起到管理的作用，这个管理
层级的存在反而使分公司经理没有资源满足客户的需求，
导致一个重要的客户开发了 10 个月仍然无法与公司开展业
务合作。

我倡导的管理观

　　管理观决定了人们如何进行管理活动。管理是什么，
如何看待管理，这些问题都属于管理观的范畴。
　　我之所以会关注管理观的问题，是因为我发现人们在
管理上普遍存在一些误区，比如习惯性地认为一些管理行

为是对的，另外一些管理行为是错的。而事实上，这些观念本身就是不正确的，导致很多管理行为无法产生有效的结果。管理观很重要，有了清晰的管理观，才会有合理的管理标准，才会有有效的管理行为。

我倡导的管理观包含以下三方面内容。

管理只对绩效负责

企业的绩效包含效益和效率两方面内容，有效的管理需要在取得好的效益的同时，用最短的时间达成这个结果。因此，无论你采用何种管理形式和管理行为，只要是能够产生绩效的，就是有效的；如果不能产生绩效，这种管理形式或者管理行为就是无效的，是对管理资源的浪费。

关于绩效，企业中常常会出现以下三种现象。

现象一：只重苦劳，不重功劳。我们常常听到这样的说法："我虽然没有功劳，但是也有苦劳。""我没做出什么惊人之举，但我也流血流汗了呀！""我流汗的时候，企业里还没有你呢！"人们常常只关注自己对企业的付出，并以此来衡量自己对企业的贡献，而不关心这样的付出是否真的产生了绩效。换句话说，人们常常以苦为乐，认为只要付出了就对得起企业了。而管理的结果通常也是有苦劳的人得到肯定，熬年头的人得到重用。但是，我们都很清楚，只有功劳才会产生绩效，苦劳不产生绩效。

现象二：只重态度，不重能力。小李和小刘就职于同一家企业，是同一个岗位上的同事。小李任劳任怨、勤勤恳恳，每天都早来晚走，经常加班加点，而小刘每天准时上下班，从不加班。结果，小李得到了表扬，成为优秀员工，而小刘从未得到表扬，更不会当选优秀员工。但是，如果你好好思考，会发现一个问题：小李的表现恰恰是能力不够的证明，而小刘的表现正说明他可以胜任这个岗位。关注态度还是关注能力是一个非常重要的问题，如果管理者不能正确处理态度和能力的关系，过多地关注态度，就会导致组织中能干的人得不到肯定，不能干的人反而活得很好。这样一来，大家就会更关注态度，不愿意用能力说话。可是，能力才会产生绩效，而态度只有转化为能力才会产生绩效。

现象三：只重品德，不重才干。选人时要重视品德，但绩效还需依靠才干。品德和才干一直是评价员工的两个基本因素，接触过的几乎所有管理者都告诉我他们会选择德才兼备的人。我很认同这个选择，但事实是，我们所面对的员工，是很难德才兼备的。在这个前提下，我再问管理者如何选择，结果 80% 左右的人选品德。我们应该认识到，才干才会产生绩效，品德需要转化为才干才会产生绩效。从这个意义上讲，我会更加倾向以才干而非品德来评价员工。

有人会反驳我，如果一个人很有才干，但是品德极坏，不是会给企业和社会造成极大的伤害吗？我同意这种说法，但是，我们需要澄清一个非常重要的观点：人都会犯错误，品德好的人也有可能做出不好的行为，所以，我们不能在品德上下赌注，管理要做的是让人没有机会犯错。我坚持这个观点，是因为管理要面对的人不能用道德来评价，只能从经济学和行为学的角度来评价。从经济学的角度来看，人是自私和贪婪的；从行为学的角度来看，人是懒惰的。这些自私、贪婪、懒惰的人，就是管理要面对的人。企业中有很多人犯错误，其实是管理本身的错误，是管理不到位让他们有机会犯错误，但是，竟然有那么多人认为这些错误是品德教育不够所导致的，这让我感到很难过。

关于品德和才干的选择，在两种情况下必须强调以德为先。第一种情况是招聘，我们需要优先考量应聘者的品德，关注他的价值取向，才干不是优先考量的因素；第二种情况是提拔，这时我们也需要优先考量被提拔者的品德，看他能否带领大家走在正确的路上。遗憾的是，在现实中，很多企业在招聘时很少考量品德，更关注学历、工作经验、个人能力，在提拔时也很少考量品德，更关注过去的业绩、管理经验和经历。相反，在日常的管理和考核中，人们又常常考量品德而忽略了才干。我们要正确认识到，品德是选人的前提条件，才干是产生绩效的关键因素。

管理是一种分配

管理其实很简单，就是要做好权力、责任和利益的分配。但是，需要特别强调的是，必须把权力、责任和利益等分，形成一个等边三角形（见图 1-1）。

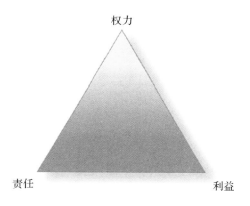

图 1-1　权力、责任和利益的等分

很多管理者喜欢把权力和利益留下，把责任分出去；有些管理者把权力留下，把责任和利益一起分出去；也有管理者认为权力、责任和利益都应该留在自己手上，根本不做分配。这些管理观都是非常错误的。管理是在责任的基础上所做的行为选择，我们需要在界定责任的同时，为责任配置合适的资源，并让人们分享获得的成果。基于责任做好权力和利益的分配，才是最合适的管理行为。

我强调把责任分下去，还有一个更重要的意义：只有分配责任，才能真正把人培养起来。没有责任，人的热情和能力就不能被充分激发出来，也就无法发挥作用。唯有把责任分配下去，让每一个成员承担起自己的责任，他们的热情和能力才会被激发出来，再给予他们与责任相匹配的资源和利益，管理的效能就会发挥出来。

管理始终为经营服务

国外的管理观倡导"领导做仆人""管理是服务"，我同意，但是我们需要搞清楚管理到底为什么而服务。如果不了解这一点，"管理是服务"就只是一句口号，毫无意义。

"管理是服务"有着非常明确的含义，指的是管理始

终为经营服务。当你所处的组织不是以绩效来评价时，比
如企业的职能部门或者政府部门，那么管理就是为目标服
务的。管理不是为任何人服务的，而是为经营（目标）服
务的。

　　管理与经营是管理者需要具备的两种能力，经营是选
择正确的事做，管理是把事做正确。从这个意义上说，经
营是第一位的，管理是第二位的。这也是我以前强调"管
理不重要"的根本原因，并不是管理真的不重要，而是相
对经营来说没那么重要，它是为经营服务的。

　　我们可以这样来理解管理始终为经营服务：当企业在
经营上选择薄利多销的时候，管理上就要选择成本管理和
规模管理，比如沃尔玛。当企业在经营上选择一分钱一分
货的时候，管理上就要做品质和品牌管理，比如格力。这
样的例子还有很多（见表 1-1）。

表 1-1　经营与管理匹配

经营	管理	经典案例
薄利多销	成本管理和规模管理	沃尔玛
一分钱一分货	品质和品牌管理	格力
服务模式	流程管理	联邦快递
定制化	柔性管理	海尔

　　经营与管理的匹配为什么重要呢？联邦快递的案例可以说明这一点。联邦快递配送服务的想法最早来自创始人弗雷德里克·史密斯（Frederick Smith）的本科论文，这篇论文当时只得了"C"，但史密斯一直坚持自己的理性判断，坚持配送业的经营应把服务放在第一位。后来，受银行票据处理流程的启发，弗雷德想到用流程管理来解决配送服务问题。通过流程管理打造的配送中心系统运作模式使联邦快递实现了"隔夜服务"，真正做到了"使命必达"。从这个角度看，只是做出经营选择或者提出问题是不够的，还要采取与经营相匹配的管理行动，这样才能使企业取得巨大成就。

　　沃尔玛的发展也能说明这一点。沃尔玛的经营策略是薄利多销，这与许多中国企业的选择是一样的，但是沃尔玛成功地成为全球最大的零售企业，而我们的企业却没有。我们的企业与沃尔玛的差距就在于经营与管理的匹配水平存在差异。

　　当然，很多中国企业在这方面也有很好的表现，比如海尔。海尔提出了定制化的经营策略，为此，它先用品质和品牌管理夯实了自己的产品，然后在此基础上，以服务顾客为宗旨、以订单信息流为中心优化供应链流程，并且规范售后服务的流程，从而更贴近顾客，为顾客提供更高效的服务，让海尔定制成为可能。而戴尔"让每一个产品都有订单"的理念，带给张瑞敏重要启发，在 1985 年通过"砸冰箱"树立品质观念之后，2008 年他又以"砸仓库"来提升海尔的柔性，驱使海尔降低库存水平。这种柔性管理的好处在当年的金融危机时刻得到充分展现，从长期来看，柔性管理也是今天支撑海尔实现"定制美好生活"的关键。

这些例子充分说明：第一，管理做什么，必须由经营来决定；第二，管理水平不能够超越经营水平。中国的一些家电企业容易亏损，并不是因为它们的管理不行，反而是因为管理水平太高了，超越了它们的经营水平。我们的大部分企业还处于薄利多销的经营水平，但是很多企业在管理上竟然开始了流程再造的努力，这种经营与管理的不匹配最终导向的就是企业亏损。

企业的资源是有限的，管理应该把有限的资源聚焦到要重点解决的问题上。当经营上要求薄利多销时，应该把管理的重点放在成本管理和规模管理上，这才是与薄利多销相匹配的管理动作。如果把重心放在了流程再造上，反而会顾此失彼，使企业的成本管理受到影响，导致成本上

升。当经营与管理匹配时，增加的成本才有价值，否则就
是无意义的浪费。同时，这种不匹配还使投入在流程再造
上的成本无法贡献其本该贡献的经营价值，让流程再造沦
为不能产生真正价值的无用功。

所以，企业经营水平处于哪个层次，就应该做哪个层
次应该做的管理努力。在应该做好薄利多销的层次上，去
做更高层次的管理努力，看起来好像管理水平很高，但实
际上这种努力就是无用功，甚至会对企业产生反作用。出
于这样的原因，我对很多企业的管理培训也充满担忧。我
常常被一些企业邀请去为员工讲解领导力或者企业战略，
我想这样的培训会产生反作用，因为它超出了员工所承
担的责任，这样的培训我称之为"过度培训"。当一家企
业的管理水平超越经营水平的时候，这家企业离亏损就不
远了。

管理要解决的三个效率问题

无论从实践的角度还是从理论的角度，管理都是为了
提高效率。这个道理所有人都懂，但是在实际操作中，很
多人往往忽略了管理的这个目的，究其原因，是他们没有

很好地理解管理和效率的关系，不明白管理要解决的效率问题到底指的是什么。

　　了解管理和效率的关系，可以从管理理论演变的过程着手。

使劳动生产率最大化的手段是分工

　　学过管理的人，一定知道弗雷德里克·泰勒（Frederick Taylor）[⊖]，是他让我们知道了什么是科学管理，知道了工业化的依据，了解了流水线的概念和实践，还让我们发现了从泰勒科学管理的起源和要解决的效率问题来看，管理其实首先是一种分工，而这是效率产生的基础。

　　事实非常清楚，在复杂的制造企业中，只有以最低的支出（包括人力、自然资源和以机器、建筑物形式存在的资本费用）完成企业的工作，才能为工人和雇主带来最大化财富。换一种方式来说，只有企业中工人和机器的生产率达到最大化，即工人和机器的产出达到最大化，才能实现财富最大化。道理很简单，在相同的时间内，除非你的

　　⊖　在泰勒之前，管理是一直存在的，只是没有人去了解每一个人所做的努力是否有效，也没有人去分析习惯的做法是否可以改变，泰勒却关注到了这些问题。1911 年，泰勒在其著作《科学管理原理》中阐明了这些观点，因此被称为"科学管理之父"。

工人和机器比竞争对手的工人和机器制造出的产品更多，否则，你是不能向你的工人支付更多工资的。同样，你也可以比较同一国家的不同地区，甚至相互竞争的两个国家哪个可支付更多的薪酬。总之，财富最大化只能是生产率最大化的结果。

泰勒用一生的时间所探讨的问题，恰恰是管理的本质问题：管理要解决的就是如何在有限的时间内获取最大限度的产出，也就是如何使生产率最大化。在《科学管理原理》一书中，泰勒清晰地阐述了使劳动生产率最大化的四条原理。

- 科学划分工作元素。
- 员工选择、培训和能力开发。
- 与员工经常沟通。
- 管理者与员工应有平等的工作和责任范围。

这四条原理让我们明确地了解到，在提高劳动生产率方面，最好的手段是分工。"科学划分工作元素"告诉我们工作分工需要基于科学，而不能凭借经验。但是，做到了科学划分工作元素还不够，还需要对承担分工的员工进行选择、培训和能力开发。泰勒是第一个把员工摆在最重要位置的人，他第一次提出劳动生产率取决于员工的素质和训练的结果，管理者必须和员工进行有效的沟通，明确两者有着各自清晰的分工和相应的职责。遵循这四条原理，劳动生产率就可以实现最大化。

所以，管理者最重要的事是培训企业中每个人的技能和发掘潜力，让每个人都能尽其天赋之所能，以最快的速度、最高的劳动生产率从事适合他们的等级最高的工作。

使组织效率最大化的手段是专业化能力和等级制度相结合

一直以来，管理都存在着一个基本命题：权力是个人的，还是组织的？

从领导理论的层面来讲，一个领导者要发挥影响力，必须借助于权力和个人魅力。在这个意义上，权力好像是个人的。但是，我们发现，权力本身需要借助一个组织来发挥作用，如果没有组织，权力就失去了依托的载体。在这个意义上，权力似乎又有着组织的特性。

在现实生活中，我们常常感觉权力是个人的，凭借个人的影响力在组织中发挥威力，于是，权力成了很多人苦苦追求的东西。

马克斯·韦伯（Max Weber）[⊖]的组织原则约定：权力是组织的，而非个人的。组织管理的核心是让权力从个人身上回归到职位上，也就是回归组织本身，只有这样，管理效率才会实现最大化。于是，我们需要了解另一个问题：职位的含义是什么？

以往我对职位的认识，与大多数人是一样的，认为职位只是分工的体现而已，并没有把职位看作权力的一个最为基本的条件，也没有认识到权力是职位的意义。当权力是职位的意义时，权力就要表现出专业能力，简单地说，就是权力需要承担职责，没有职责的权力是不存在的。这让我想起管理中时常出现的人浮于事的状况。在很多组织中，权力与职位是分离的，于是，权力变成了象征和待遇，很多人苦苦地追求权力，其实追求的是权力带来的种种待遇和象征性。这时，权力就成了纯粹的权力，没有承担责任。这使我们的管理表面上看是现代管理，实际上是封建管理，与现代管理有着根本性差异。

⊖　马克斯·韦伯是德国著名的古典管理理论学家、经济学家和社会学家，19世纪末20世纪初西方社会科学界最有影响力的理论大师之一，被尊称为"组织理论之父"。他的官僚组织模式（Bureaucratic Model）理论（即行政组织理论），对后世产生的影响最为深远。

　　这是一个英雄辈出的时代，但面对巨变带来的挑战与机遇，面对充满未知的未来，这更是一个集合智慧的时代、一个要依靠团队的时代，如果我们无法发挥组织的作用，依然更多地依靠个人的作用，就无法在今天的环境中求得生存，更不要说求得发展。而要发挥团队的作用，我们就要像韦伯一样理性地思考和设计组织，让职位的分工与协作而不是个人的权力成为组织的核心要素。

　　在国内的企业中，我比较欣赏美的集团的组织管理状态，在职位明确、责任明确、激励明确的组织管理体系中，事业部经理人展示出良好的职业心态。这种心态正是源于权力与职位的良好设计。事业部经理人都很清楚，对他们来说，职位意味着责任，同时意味着权力。正因为他们很好地理解了权力的真实含义，也理解了职位和责任的关系，最终他们产出的成果使美的集团成为中国最好的家电企业之一。

　　过去，人们总是习惯于用条件变化为效率低或效益差开脱。比如，组织不再是一个"封闭的系统"。组织所采取的任何行动都不可避免地会受到市场大环境的巨大影响（当然，组织自身在很大程度上也会对环境产生影响），在外部和内部各种因素的干扰下，组织往往会偏离既定的方向。这样的观点是正确的，所以，一些人认为，外部环境的影响使组织效率无法控制，而企业只能接受这个现实。

再比如，组织中不再存在明确的杠杆。以往，我们习惯于运用明确的杠杆去做管理调整，例如，我们通过裁员来提升组织的盈利能力，通过轮岗来提升管理人员的管理能力，通过流程重组来提升组织的效率。但是，现在这种简单的线性关系已经不存在了，在你裁员的时候，也许竞争对手的新产品已经替代了你的产品；在你提升管理人员的管理能力的时候，也许市场已经开始了全面的技术替代。我们习惯的努力再也不能使我们轻易地获得想要的结果，因为今天很难找到"事半功倍"的方法，甚至不能"一分耕耘，一分收获"。所以，当人们以此为理由认为组织效率更加无法控制时，我们似乎只能同意他们的观点。但是，如果真的如此，组织就无法适应这个变化的环境，也就无法真正发挥管理的功效了。

所幸，组织可以以它自身独特的特性——系统化的人的组合来继续发挥作用。之所以存在前述误区，是因为很多人在管理中忽略了两个影响组织效率的关键因素，而对这两个关键因素的理解，构成了组织管理的基础。这两个

关键因素是专业化能力和等级制度。

　　组织效率最大化的手段是专业化能力和等级制度相结合。一方面，企业要强化专业化能力，无论是领导者、管理者还是基层人员，只有贡献了专业化能力，才算是胜任管理工作；另一方面，企业需要建立明确的分责分权制度，只有职责分工清晰、权力分配明确、等级安排合理、组织结构有序，管理的效能才会有效地发挥出来。这两者的结合正是组织效率最大化的来源。

使个人效率最大化的手段是创造组织环境，满足个人需求，挖掘潜力

　　我常常观察管理者在日常管理中更注重什么，我发现绝大多数管理者都把更多的精力放在事务性的工作上，很少把时间花在员工身上，他们寄希望于员工能力和素质，寄希望于管理系统与管理制度。的确，员工能力和素质、管理系统与管理制度都会在企业中发挥作用，但是，这些

　　○　1916 年，《工业管理与一般管理》出版，亨利·法约尔提出著名的"管理要素"，标志着一般管理理论的诞生。法约尔认为低层员工的基本能力具有公司的专业特征，领导者的基本能力是一种管理能力。为了能够让所有人都具有这些专业能力，法约尔特别强调了管理教育的重要性。

作用不会自然而然地发生，它们需要触动和推进。

能够起到触动和推进作用的是管理者对员工的激励。现在，企业为了管好人，都设立了人力资源部门，但把员工激励工作全部交由人力资源部门来做，就大错特错了。员工激励不只是一个职能部门的工作，也是管理者的重要工作。如果把人力资源工作当成一个职能部门的职责而非管理者的职责，结果就是员工在组织中"自生自灭"——有能力的员工能自己成长起来，能力不足的员工就丧失了成长的机会。每一个管理者都从事人力资源工作的组织，才能让所有的人力资源发挥作用。

激励要以团队精神为导向。这几年，我们在激励方式、激励手段以及激励的投入方面做了大量的努力，但是收效并不显著。今天的奖金已经不再具有长期激励效应，股权计划和年薪制度在更多的时候表现为一个必需的条件而不是激励，导致这种现状的原因是，以往的激励通常是以个人成功为导向的，所以，当个人成功需要团队来支撑时，原先对激励的理解和运用就无法达到预期的效果。这是一个需要凭借团队智慧和能力来竞争的时代，以团队精神为导向的员工激励才会发挥效用。

以团队精神为导向的员工激励需要把员工的个人目标

与组织目标连接在一起，但这会使企业面临短期目标和长期目标冲突的问题，虽然这个问题很复杂，但管理必须平衡这些目标，并且不能只关注组织目标而忽略个人目标，也不能够只强调个人目标而伤害组织目标，只有两者都得到关注并实现，管理才能够有效。因此，我认为，能够让组织目标和个人目标合二为一的激励才是有效的激励。

除了激励问题，职业围城现象也很严重，很多人因为找不到工作而头疼，同时又有很多老板因为员工流失而头疼。个人与组织都想以最小的投入获得最大的产出，在这方面，理性的认识是非常重要的。管理中之所以常常出现核心人才流失的现象，一方面是因为人才本身的选择，另一方面是因为管理者没有认识到个人在投入产出方面所做的衡量。绝大部分管理者都会关注组织的投入产出，但是往往会忽略个人的投入产出，还有管理者坚持认为每个人都应该为组织做贡献，之后再看能得到什么。从表面上看，这个要求并不过分，但是，在现在这个急于求成的社会大背景下，它更加助长了浮躁之风，因为它忽略了人们对自身投入产出的评估，而这个评估决定了他们的行为选择可能更追求短期收益。

管理正是要解决企业的三个问题：第一，如何使劳动生产率最大化？第二，如何使组织效率最大化？第三，如何使个人效率最大化？这三个问题是管理的基本问题，或者说，提高管理效率就是提高劳动生产率、组织效率和个人效率。

　　但是，这不是我要强调的最重要的观点，我要强调的是提高劳动生产率、组织效率和个人效率是一个不断递进的过程，也就是说，先有劳动生产率的获得，再寻求组织效率，之后再发挥个人效率，才能达到最好的结果。我之所以强调这一点，是因为如果不这样安排，而是个人效率在前、劳动生产率在后，就会导致最终没有效率。因为只有具有劳动生产率，我们才具有支付能力，支付能力能为组织效率和个人效率的提高奠定基础，而不是让人们在努力付出后才能有所得。

　　很多人问我，是否应该在创业之初就设计股权激励，我没有完全反对，但是有一点要引起注意：股权激励要能最终兑现支付。如果企业根本没有支付能力，这样的设计就不会产生效果。有一家企业的做法我很欣赏，它的管理水平的确很高。在刚开始创业的时候，它为管理人员设计了奖金制度，只要他们取得了业绩，就可以得到高额的奖金，而且不设上限。当企业有了一定规模和影响力的时候，它又为管理人员设计了分红计划。当企业具有可观市值的时候，它决定为企业最核心的管理人员配送股份，每个人可以获得 500 万股，当时它的股票价格是每股 60 多元。走到这一步，因为企业具有足够的支付能力，也让管理人员了解到自己与企业的切身关系，管理人员自然愿意一辈子为这家企业贡献才智。

管理者如何进行有效管理

一直以来，我们在管理中耗费了极大的精力，也做出了极大的努力，但是成效却不尽如人意。30 年来，中国企业的管理者不断学习各种方法与新理论，在 2015 年的"中国·实践·管理"论坛上，一位嘉宾说他在做经理人时把自己学到的理论全都用上了，但是效果并不显著。中国企业界人士翘首以盼的杰克·韦尔奇中国之行最终令人感受到的也是失望，人们发现，韦尔奇的神话无法在中国企业被复制。难道是这些理论错了？不是。难道是我们没有学到真东西？也不是。这些理论都是对的，也是真的，但问题在于，我们对于管理的理解只对了一半。

管理最重要的作用，是把人们组织在一起工作，共同实现组织目标。因此，提高组织的整体力量成了管理的一个永恒的主题，而管理者则承担了这个重要的使命：提升整体的力量，延续个体的价值。

在《卓有成效的管理者》这本书里，彼得·德鲁克明确指出了管理者的价值所在。我尤为认同他对卓有成效的理解和判断。

传统管理者与有效管理者的区别是什么？在德鲁克先生看来，传统管理者专注于烦琐的事务，因为他们只关心正在发生的事务，他们把所有时间都用在处理别人的事情上，简单地说，就是传统管理者的时间属于别人，这是传统管理者的第一个特征。传统管理者的第二个特征是身在什么岗位上，就用什么样的思维方式来看待问题，"屁股指挥脑袋"，不知道考虑整个系统的需要，部门之间的不合作由此而来。传统管理者的第三个特征是只专注于事务，忽略对人的培养，他们总是认为下属不能很好地完成任务，没有人能成长起来。我很认同德鲁克先生所描述的传统管理者的特征，因为根据我的观察，大部分管理者都具有这些特征，这是我们的管理效率不高的主要原因。

那么，有效管理者具有什么样的特征呢？

有效管理者的第一个特征是时间管理。他们能明确事情的优先顺序，确定什么是重要的事情，并为重要的事情安排合适的时间，使每一件事情都有时间设定，都能得到合理解决。对有效管理者来说，"忙"这个概念是不存在的，所有事情都会有序和合理，进而有效。

有效管理者的第二个特征是系统思考。一个人能否在组织中找到合适的位置并发挥作用，取决于他如何思考，如果不能认识到个人与组织的关系以及局部与整体的关系，那么无论这个人的能力有多强，都无法发挥作用。只有认识到整体最大、局部和个人要服从整体，并且学会借助整体的力量，局部和个人才会发挥最大的效能。

有效管理者的第三个特征是培养人。培养人是管理者最根本的职责，让每一个成员成长起来，管理的绩效就会发挥出来；让每一个成员胜任其工作，组织的效率就会提升。所以，培养人是有效管理者的重要特征。

德鲁克先生这样描述管理者：管理者就是要贡献价值。管理者要贡献的价值是什么呢？德鲁克先生说："管理者本身的工作绩效依赖于许多人，而他必须对这些人的工作绩效负责""管理的主要工作是帮助同事（包括上司和下属）发挥长处并避免用到他们的短处"。这正是管理者的价值所在，如果管理者能够发挥自己的作用，让上司和下属产生绩效，管理者自身的绩效也就产生了；如果管理者自己发挥绩效并替代所有的上司和下属，这个管理者就不能被称为管理者了。

企业管理的内容

概括地讲，企业管理的内容包括计划管理、流程管理、组织管理、战略管理和文化管理。这五项之间是递进关系，企业需要依次将其实现。换句话说，就是先进行计划管理，再进行流程管理，然后依次进行组织管理、战略管理，最后做文化管理。这个顺序不能颠倒，不能打乱，也不能只做一个而忽略其他。

好的企业管理，需要这五项内容和谐发展、协同作用，而这五项内容的协同就形成了企业的系统能力。一家具备了系统能力的企业才有希望具有核心能力。

计划管理：实现目标与资源的匹配

人们常常将计划管理和计划经济联系在一起，这种偏见带来的直接后果是管理处于无序状态。对于计划本身，很多人也存在误解，认为计划是一组数据，是一个考核指标的指导文本，却没有认真地想过，计划其实是一项管理内容。计划管理要解决的问题，不是数据，不是年终考核指标，更不是文本，而是目标与资源是否匹配。

计划管理要使目标与资源的关系处于匹配状态，这是最为基础的管理内容。因此，计划管理由三个关键元素构成，即目标、资源以及两者的匹配关系，这三个元素分别代表了计划管理的基准、对象以及结果。

目标是计划管理的基准。在管理理论中，计划管理也被认为是目标管理。目标管理的实现需要满足三个条件：第一，高层强有力的支持；第二，目标能够检验；第三，目标要清晰。

资源是计划管理的对象。很多人对计划管理的理解多与目标联系在一起，常常认为目标是计划管理的对象，其实计划管理的对象是资源，而不是目标。资源是目标实现的条件，如果我们想超越变化让计划得以实现，唯一的办法就是获得资源。

目标与资源的匹配关系是计划管理的结果。两者的匹配关系是衡量计划管理的标准：当资源能够支撑目标时，计划管理得以实现；当资源无法支撑目标时，计划管理就是做白日梦；当资源大过目标时，又会导致资源的浪费。

所以，很多时候我并不关心企业设立什么样的目标以及多大的目标，我只关心这家企业是否有资源来支撑它的目标。当中国企业高调进入国际市场的时候，我会看它是否拥有国际化人才、国际渠道以及符合国际标准的产品，如果没有这些，一切都是徒劳，不过是空有一腔鸿鹄之志。

流程管理：实现人与事的匹配

我比很多人更热衷于流程管理，因为提高企业效率的关键在于流程管理。如果简单描述流程管理，其实就是使人人有事做，事事有人做。

我经常想，为什么我们总是无法把流程管理做到位？也许文化是一个原因，中国人的行为习惯决定了我们喜欢职位多过流程。可是，我们还是会看到很多把流程管理得很好的中国企业，如海尔、美的等，从这个角度来说，中国企业是能够做好流程管理的。

做好流程管理需要改变一些管理习惯，我简单归纳为三点：一是打破职能习惯，二是培养系统思维习惯，三是形成绩效导向的企业文化。

打破职能习惯。职能管理侧重对职能的管理和控制，关注部门的职能完成程度和垂直性的管理控制，但部门之间的职能行为往往缺少完整有机的联系。职能部门的工作标准尤为重要，但它通常是由该部门的主管领导临时确定的，这大大加大了主管领导的工作量。而且，这部分工作没有确定的时间要求，这导致整体工作效率大幅降低。因此，我们必须打破职能习惯。

培养系统思维习惯。 流程管理侧重的是目标和时间管理，即以顾客、市场需求为导向，将企业的行为视为一个流程集合，对这个集合进行管理和控制，强调全过程的协调及目标化。每一项工作都是流程的一部分，是一个流程节点，其完成时间必须满足整个流程的时间要求，因此时间是流程管理的重要标准之一。在流程的前提下，以时间为基本坐标决定了我们需要系统地思考问题，而不是只考虑自己所在的部门或者所处的位置。因此，我们必须形成系统思维。

形成绩效导向的企业文化。 "人人都有一个市场，人人都面对一个市场"，激励团队成员共同追求流程的绩效、重视顾客需求的价值是海尔实施流程管理的一种方式，这种方式让我们看到，形成绩效导向的企业文化是流程管理的重要保障。

美的集团的变革也说明了这一点。2012 年，方洪波带领美的集团进行了流程再造，既提高了组织整体的协同效率，又进一步激活了每一个人的绩效，分权经营的美的集团因此变得更加高效。美的集团美云智数总裁金江说："没有统一的流程，就会发现整个组织不可控。不知道问题出在哪里，怎么提升效率？通过系统将流程统一、数据统一、企业经营语言统一后，就可以抓取每个业务单元的每个经营细节和数据。"当然，他也感受到了过程中的阻力，"改造的难度不亚于改造旧城区。旧习惯被否定，过程一定很痛苦。这种改变是否会对业务单元造成大的冲击？有人提出质疑和反对意见，你还不能完全忽视"。

　　美的集团 IT 总监周晓玲把推动流程再造持续进行的原因归结于方洪波的重视，在她看来，"一把手亲自推动，将项目提升到集团战略层面。管理层全面参与变革，又确保决策高效、变革到位"。方洪波在 2021 年做客《一问》时也说："一把手全力推动，再大的困难也会解决。在转型过程中，美的集团调动起了每一个人，牵一发而动全身，无孔不入。从基层到董事长，每一个人、每一个业务单元、每一个部门，乃至美的集团上下游的全部价值链成员，都要参与。"正因为如此，由美的集团业务骨干和麦肯锡顾问团队组成的流程梳理团队，将流程管理从空调事业部和厨

电事业部两个试点单位逐步拓展到十个事业部，最终形成
了有统一流程的"一个美的"，美的集团由此发展成为一个
各事业部完整有机联系的整体。这种流程革新的决心和努
力恰恰来自美的集团绩效文化释放出来的强大力量。

　　改革当然不易，美的集团投入了二三十亿元资金，花
费了三年多的时间（2012～2015 年），才从流程上将自身
打造成为一个"新城区"，为其数字化转型的布局打下了坚
实的地基。先做好流程再造，再以此为基础推动整个组织
的数字化转型，这也体现了美的集团清晰的管理思路。[⊖]

　　用员工能理解的概念，激励每个员工参与流程再造，
才能完成管理方式变革这个艰巨的任务。没有这样的文化
氛围，流程管理只会流于形式，这也是一些中国企业引入
流程再造没有取得成功的根本原因。

组织管理：实现权力与责任的平衡

　　权力与责任是管理中需要平衡的两个方面，让这两者
处于平衡状态是组织管理要解决的问题。实现组织管理需

⊖　刘炜祺 . 8 年投入逾百亿，美的数字化转型就像"改造旧
　　城"[EB/OL].（2021-02-08）. https://baijiahao.baidu.com/s?id=
　　1691132933888438512.

要两个条件：专业化与分权。

专业化。专业化能够解决很多方面的问题，包括服务意识、分享的动力，以及人们对于权力的崇拜。如果我们还需要保留职能的话，那么，提高专业化水平可以有效地消除职能所带来的负面影响。一切以专业为标准，尊重标准和科学，人们就不会再依靠权力和职位来传递信息与指令。

分权。分权是组织最难做到的一个方面，有些企业既有分权手册也有分权制度，但是执行起来常常走样。很多高层管理者喜欢把分权看作调整人事的武器，或者把权力看成一种政策资源。如果是这样的话，管理者要做的就不是组织管理，而是领导管理，他也不应该分权，而需要授权。很多人混淆了分权与授权，在分权时，一旦对权力做了分配，分配者就不再拥有这项权力；如果还可以对权力进行调整，那管理者做的就是授权而不是分权。

战略管理：解决企业的核心能力问题

企业的核心能力有三个基本特性：第一，核心能力提供了进入多样化市场的潜能；第二，核心能力应当对最终产品中顾客最重视的价值做出关键贡献；第三，核心能力应当是竞争对手难以模仿的能力。这三个特性都反映出，核心能力最关键的要素是从顾客需求的角度去定义的。核心能力首先应当是深入理解和准确把握市场和顾客需求的能力，不符合顾客需求、不能为顾客最重视的价值做出关键贡献的能力不是核心能力。对于这一点，海尔是这么总结的："与顾客零距离就是与竞争对手远距离。"

　　核心能力的建立和培育，对于打造企业的竞争实力、确立企业的市场领导地位极为重要。为此，企业必须站在战略的高度从长计议，去审查自己经营的业务和拥有的资源与能力，观察市场需求和技术的发展趋势，运用创新精神和创新能力，独具慧眼地识别自身的核心能力发展方向，并界定构成企业核心能力的技术有哪些。而战略管理解决的正是这些问题。简单地讲，战略管理就是为形成核心能力所做的独特的管理努力。

　　企业核心能力的整合还需要相关的机制与环境条件予以支持，而战略管理包括打造有利于学习和创新的组织管理机制，充满活力的创新激励机制，以市场为导向、以顾客价值追求为中心的企业文化氛围，以及既开放又相互信任的合作环境。

　　简洁地说，企业在通过实现市场和顾客价值获得效益的同时，必须通过内部管理进一步提高效率，这样内外结合，才能形成既有企业自身特色又符合外部市场需求的差异化竞争优势。基于这些，我们认为企业核心能力是一种以企业资源为基础的能力优势，而且包含各种异质性战略资源，如技术、品牌、企业文化、营销网络、人力资源管理、信息系统、管理模式等。只有在这些方面进行强化、突出，建立具有互补性的知识与技能体系，企业才能获得持续的差异化竞争优势。

文化管理：解决企业持续经营的问题

追求什么样的目标，肩负何种使命，拥有什么样的价值标准，是决定企业经营是否可以持续的根本因素，而对这些问题的回答正是企业文化所承担的责任。

在《福布斯》每年一度的美国富豪排行榜中，很少有新鲜的面孔，因为他们的财富是慢慢积累起来并可以公开度量的。然而，中国富豪榜的每次揭晓，却常常让我们感到生存与毁灭的神秘矛盾，因为这张榜单上很多人的财富之路充满传奇色彩，经不住理性的推究和考量。于是，人们注意到了富豪与企业领袖的区别，意识到了单凭财富并不能成为社会的栋梁，企业领袖终于成为人们关注的焦点。

企业领袖作为民族精神的风向标，其思维模式和管理方式的集中体现，正是企业文化。

企业文化既是企业的灵魂，也是企业的本质特征，是基于企业家推崇和执行的管理方式产生的。

从管理方式的角度来看，管理方式对企业文化的推动通常会经历这样的发展过程：人事制度→人的管理→企业管理方式→核心价值观→企业文化。随着企业的发展，企业文化也逐渐演进：企业家个性魅力（企业家文化）→团队个性魅力（团队文化）→企业个性魅力（企业文化）→社会个性魅力（竞争性文化）。从企业文化的发展进程来看，在过去的 30 年里，中国企业逐步形成了创新导向的企业文化。如今，随着市场竞争及国际化竞争日益激烈，中国企业正推动企业文化向愿景导向的竞争性文化转型。未来，中国企业的企业文化建设还有相当长的路要走，这条路伴随着企业的持续成长。

最后需要说明的是，计划管理、流程管理和组织管理属于基础管理，是企业生存的关键；战略管理和文化管理是更高层面的管理，不要把战略管理和文化管理放在基础管理的层面上来做，那样会适得其反。

02

第 2 章

组 织

人类为了生存和发展，需要有组织（有共同目标的人群集合体）。组织是为目标存在的，组织里的人与人是不平等的。

怎样提高组织能力是管理永恒的主题之一。

什么是组织

每个人都应该了解和关注组织，尤其是管理者。我之所以这样认为，是因为大多数在组织里工作的人并不理解什么是组织，这导致很多人在组织中不开心，甚至有人认为他们被组织"抹杀"了。查尔斯·汉迪（Charles Handy）说："在我看来，有时候组织会成为禁锢人们灵魂的监狱。我自己在组织中工作时常常会有这种体验。"这位被称为组织管理大师的人这样描述组织，让我们了解到组织和个人有着极其微妙的关系，不能很好地管理组织会给个人带来极大的痛苦。

在我看来，组织的存在是为了实现目标，组织管理的存在是为了提升效率。

作为一个需要对目标和效率做出承诺的人群集合体，组织有着独特的特性。在理解组织时，我们需要还原组织的特性，从而形成对组织的正确认知。

公司不是家

当一个人与组织产生联结的时候，对这个个体来说，如何理解组织和个人的关系就变得非常重要。关于组织和个人的关系，我们在管理上一直存在一个非常错误的观点，认为公司就是家。正因为如此，很多管理者认为自己需要成为"父母官"，很多员工也认为自己应该以公司为家。但实际上，这些观点是不对的。

公司到底应该是什么样的状态，我们需要回归组织本身的属性去进行探讨。组织有正式组织与非正式组织之分。正式组织是指用权力、责任和目标来联结的人群集合；非正式组织是指用情感、兴趣和爱好来联结的人群集合。在管理的框架下，我们主要谈的是正式组织，所以当说到组织管理的时候，我们应该谈论的是权力、责任和目标。从这个意义上讲，组织理论就是探讨权力与责任是否匹配的理论，组织结构设计就是分权、分责的设计。因此，当我们理解组织（正式组织）的时候，不能谈论情感、兴趣和爱好，不能希望组织是一个"家"。我们只能抱歉地告诉人们"公司不是家"，组织更注重的是权力、责任和目标。如果目标无法实现，组织就失去了存在的意义，组织中的人同样也失去了存在的意义。

　　上课的时候，我常常问大家一个问题："家庭是什么样的组织？"很多人都不认为家庭是正式组织。为什么会出现这样的情况呢？因为家庭是一个非常奇特的组织，从组织属性上讲，家庭是正式组织，但从管理属性上讲，家庭需要的是非正式组织管理。所以，回到家里，一定要讲情感、兴趣和爱好，千万不要讲权力、责任和目标。可是，在现实中，我们看到的情况常常是反过来的。在家里，人们大讲权力、责任和目标，争论谁的权力大、责任应该是谁的，而且为家庭设定了非常高的目标。家里人常常因为谁说了算而大伤感情，因为谁该做家务而不和。相反，到了企业里，人们大讲情感、兴趣和爱好，觉得企业应该让每一个人都得到关心和照顾，不断地强调要和谐，不断地寻求"家"的感觉。其实这恰恰是错的，家庭中没有责任和权力的划分，双方需要不断地增进感情，培养共同的兴趣和爱好，共同承担责任，让生活充满爱与和谐。而在企业里，我们不能从情感出发，我们必须认识到，组织存在的理由就是创造价值，而创造价值就需要承担责任、分配权力，因此，情感不是首要的，如果没有价值创造，再关注人的组织最终也要被淘汰。所以，我一直认为，组织管理中最根本的困扰是我们违背了组织的属性，忘记了管理需要面对权力、责任和目标，而不是培养情感。

1992 年诺贝尔经济学奖得主加里·斯坦利·贝克尔（Gary Stanley Becker）在《家庭论》中论述了家庭的演进。在传统社会中，家庭承担着很多重要功能，可以保护家庭成员抵御不确定性，并且家庭还是一个"小型学校"，孩子可以从长辈那里习得技能。但是，在现代社会，市场的发展让家庭功能发生了变化，商业职能以及专门知识的获得开始依靠更专业的正式组织，如企业和学校，所以，这些正式职能逐渐从家庭中分离出去，而家庭主要保留的是原始的情感。随着这些功能流向家庭以外的正式组织，这些正式组织也逐步发展起来。如果我们了解了这个演进脉络，

就会知道今天组织和家庭的区别，也会知道在组织和家庭中应该做什么，或者说至少知道优先做什么，而不是将这两者混淆。⊖

所以，当你发现一家企业非常讲究分工、责任和目标的时候，你应该珍惜这家企业，因为这家企业具有很好的组织管理特性。当你发现一家企业除了讲究分工、责任和目标，还能够照顾到员工的兴趣和爱好，还能够给予员工情感方面的关注，你一定要非常热爱这家公司，因为这是一家好企业。如果一家企业很有效率却没有照顾到员工的情感，那么这是一家正常的企业；如果一家企业关注员工的情感但没有效率，那么这家企业一定有问题。

组织必须保证一件事由同一组人承担

很多管理者都被复杂的组织管理搞得焦头烂额，无所适从。人们总是从管理制度建设、激励体系和人员素质培养方面着手，认为这些方面的措施可以解决组织混乱的问题。但是，等到管理制度健全了、激励体系完善了、人员素质也提升了之后，人们却发现，根本的问题还是没有解

决。于是，人们又开始尝试用末位淘汰或者内部竞争的方式来解决问题，但经过几年的努力，效果仍不明显，问题依然存在。

为什么？一个根本的原因是，我们没有认识到组织需要明确的权力、责任和目标。也就是说，同一件事必须由同一组人承担。当组织出现结构繁杂、效率低下、人浮于事、责任不清、互相推诿的情况时，管理者应该先看看企业中有没有同一件事有两组人在做，同一个责任有两组人在承担，同一个权力有两组人在使用的现象，如果有，那么这些就是出现上述情况的原因。这些现象我们可以用一个词来表述，就是"组织虚设"。

"组织虚设"在企业中大量存在，比如，一家企业既设有市场部又设有营销部，这导致市场部和营销部的分工不明确，结果市场部没有研究市场，反而去设计促销策略、做终端规划，而这些本应是营销部的职能，最终，等经营结果出来后，根本无法分清市场部和营销部谁应该对绩效结果负责任。还有一种更可怕的情况是，很多企业设有各个职能部门，但是又专门设立了一个"综合管理部"。有了这个部门，你就会发现企业中所有的职能部门都只做容易做的事，而把那些不容易做的事情统统推给综合管理部，于是，职能部门虚设，所有的问题都集中到了综合管理部。这样一来，责任根本无法界定，因为大家都有责任，也就都不需要负责任，而资源却被消耗光了。在组织中，最可怕的就是"组织虚设"。

组织中人人公平而非平等

在社会结构中，人是以生存为前提的存在，受到法律和道德的双重约束。在法律和道德面前，人与人应该是公平而且平等的。但是，在组织结构中，人是以实现目标为前提的存在，每个人都需要承担各自的责任和目标，从而拥有不同的权力。因为责任、目标和权力不同，人与人是公平而非平等的。也许这样的解释有些不科学，但是如果你愿意深入地去思考，就能理解其中的真谛。

组织的重点是人，这一点是完全确定的。但是，在这个前提下，我们还必须认识到组织更强调服从而不是平等。我一直对军队有着浓厚的兴趣，在军队这种组织中，所有成员来自不同的地方，具有不同的习惯和能力，却很快就能融为一体，成为一支勇于承担、齐心协力实现目标的强大队伍。是什么缔造了这样的队伍？关于这个问题，人们一定会给出很多答案，但所有人都不能忽视的一点是"绝对服从"。在军队中，没有人强调个体，也没有人强调自己的想法，每个人都自觉地成为组织的成员而不是成为自己，所有人都努力服从组织，努力实现组织目标。

平等是人最基本的追求，我一直认为这是必要的而且是必需的。但是，对组织而言，组织目标是高于一切的东西，每个人都需要服从组织目标，都需要不断地问自己"我为组织做了什么"，这样的状态才是组织中合理的个人状态。把自己放在组织中，充分理解自己在组织中所处的位置，并做出相应的行为选择，承担自己的责任，你会感受到因为理解组织而获得的快乐。

分工是联结个人和组织的根本方法

组织的能力来源于分工带来的协作，没有分工就没有组织结构的活力。对组织而言，结构设计和人员选择得当，可以回答组织中一个很关键的问题：谁控制什么。在任何一家企业中，清晰的沟通线、控制线、责任线和决策线都是至关重要的。厘清这些脉络，不能依靠人的自觉，也不能依靠管理制度，而是需要分工的设计，这也是搭建组织结构本就应该做好的事情。

很多企业常常因自身管理制度健全和完善而洋洋得意，

但是，我更倾向于先解决组织分工的问题，管理制度则应该越少越好，因为制度的建立与执行需要成本。在我心目中，好企业是一个有机的组织，拥有健康有活力的文化、有效的分配制度——这样的管理体系对企业而言就足够了。

组织的分工主要是分配责任和权力。组织必须保证企业的责任有人承担，同时让负有责任的人拥有相应的权力。因此，组织中个人和组织的关系本质上是一种责任的关系，分工让每个人和组织联结在一起，同时也和组织目标结合在一起。组织分工需要理性设计和法律界定，同时还需要建立在对分工的共同承诺和对分工权威性的认同之上，否则，是无法实现组织管理的。

组织因目标而存在

组织包含很多因素，比如人、资源等，但是能把人们联结在一个系统中的关键因素却是目标。有些人认为人们之所以汇聚在一起是因为利益，也有些人认为是共同的理念让人们组成一个组织，这两个因素的确都很重要，但不是把人们联结在一起的原因。只有共同的目标追求，才会把人们联结为一体。不同的目标会导致不同的人群聚集在一起，也决定了人们不同的行为选择和价值判断，因此，目标决定组织存在的意义。[○]正因为如此，在理解组织时，对于目标的正确认识非常重要。

　　组织目标应该是明确而且单纯的，在这里我特别要强调的是单纯。对组织目标的实现而言，时间是非常宝贵的资源，在有限的时间内，只有单纯的组织目标才能有效地被实现。如果组织目标不够单纯，时间就无法聚焦，目标也就很难实现。

　　有一次，在讲"组织行为学"课程的时候，一个身处高管职位的学生问我"追求技术领先是不是企业的目标"，这让我很惊讶。其实，企业的目标非常简单：持续的获利能力。我们通常认为，合理的战略始于确立正确的目标，而套用迈克尔·波特（Michael Porter）的观点：能支持合理战略的唯一目标就是超强的持续盈利能力。如果你的企业不是从这个单纯的目标出发，而是奔向技术领先的目标，为了追求技术而追求技术，也许很快就会被引到摧毁战略的歧路上。由此可见，如果企业的目标不够单纯，不是为

　　○　巴纳德关于组织理论的探讨，至今几乎没有人能超越，西方管理学界称他是现代管理理论的奠基人。他首先提出一套有关正式组织中合作行为的综合理论。组织能否发挥作用，取决于组织本身能否带动组织成员形成一致性的行为。

顾客创造价值、获得盈利，而是将公司做大，或者成为技术领导者等，都会使公司陷入麻烦之中。因为你为了追求这些看似正确的目标，往往会投入所有资源，无法聚焦，最终你的目标很可能实现不了，而你付出的代价是使企业失去持续盈利的能力。

我们必须认识到一个清晰的因果关系——企业是因为具有超强的持续盈利能力才获得技术领先以及规模扩大的，千万不能因果倒置。当企业追求做大、追求技术领先、追求快速成长的时候，一定要记得这些不是组织的目标，而只是实现目标过程中的一个个环节。

分析一家企业为什么成功或者失败时，我们可以找出很多原因来。不过，如果你愿意好好思考一下组织目标存在的问题，或许答案会简单很多。我们可以用一个现象来对比说明：人也是一个组织，同样要求目标明确且单纯。对所有因为腐败问题而葬送了一生的人来说，错误的根源正是目标不够明确且单纯。当一个人决定承担公共社会责任的时候，就不应该再把经济利益作为自己追求的目标，否则，犯错误就不可避免。企业组织也是一样，只有在不同时期始终保持目标明确且单纯，才不会因为目标混淆或者多个目标的取舍而耗费资源。

组织内的关系是奉献关系

对于组织内的关系应该是一种什么样的关系，好像没有人认真地分析过。有人认为，组织内人与人之间是管理与被管理的关系，组织是由管理者和被管理者两种人组成的；有人认为，组织内人与人之间是平等、合作的关系，每个人根据自己的职责承担相应的任务和责任，并为完成任务而相互合作。

其实，我们需要明确：组织内人与人之间是奉献关系，不是管理与被管理的关系，甚至不是合作关系。一个人若不懂得在团队中主动奉献，总是让团队为了协调他和他人的关系而特别费心，就算能力再强，也会变成团队进步的阻力。

很多管理者都遇到过这样的情况：把优秀的、能力非常强的人组织在一起，并不一定会得到最好的绩效。让能力相当的两个人在一起工作，得到的结果可能是两个人对着干，或者其中一个人不表现出他的能力。我认同优秀的人会产生好的绩效，但更多的情况是，把优秀的人组织在一起，效果并不太好。

因为姚明，我开始看美国 NBA 赛事，2008 年这一季最令人惊讶的是休斯敦火箭队的"MM"组合令人失望，这个结果恰恰符合上述逻辑。而如果我们认真分析火箭队取得胜利的场次，就会看到在这些场次里"MM"组合没有以谁为主，每个人都是以奉献者的面目出现的。继火箭队之后，近年来勇士队的出色表现让 NBA 赛事越发受人关注。在 2014～2022 年这八年里，勇士队四次夺得 NBA 总冠军，率领球队取得辉煌战绩的库里受到了很多人的喜欢，这不仅仅是因为他超强的个人能力，更是因为他的奉献精神，这种奉献精神源于他所坚持的 TCC 信念。

还有一个小案例也说明了奉献精神的重要性。

我的一位朋友是计算机工程师，他在公司人事精简时被裁掉了，这让他难过极了。

"我又没有犯什么过错，"他沮丧地问同事，"经理为什么把我裁掉？"

朋友回家想了好多天，一直消除不了心里的不满和疑惑，他决定找经理谈一谈。

"我只是想了解一下这次裁员的原因。我知道公司这次精简编制，总得有人被裁掉，但我很难不把裁员的原因和我的表现联系在一起。"朋友将在心里排练了好久的话一口气全讲了出来："如果真的是我的表现不好，请经理指点，我希望有改进的机会，至少在下一项工作上我不会再犯同样的错误。"

经理听完他的话，愣了一下，竟露出赞许的眼神："如果你在过去的一年里都这么主动积极，今天被裁的人肯定不会是你。"

这回换朋友愣住了，他不知所措地看着经理。

"你的工作能力很强，你在所有工程师里专业水平算是数一数二的，也没犯过什么重大过失，唯一的缺点就是主观意识太强。团队中虽然每个人能力不一，但只要积极合作，三个臭皮匠就能胜过一个诸葛亮。可是，如果某个人不懂得主动奉献，不懂得与他人协调一致，就算他能力再强，也会成为团队的短板，阻碍团队的发展。"经理反问他，"如果你是我，你会怎么办？"

"但我并不是难以沟通的人啊！"朋友反驳。

"是，没错。但如果将你的态度和其他同事相比，以10分为满分，在积极热心这方面，你会给自己几分？"经理问。

"我想我明白了。"朋友说。他这才意识到，原来自己是个"可有可无"的员工。

从这个小案例中我们可以看出，能力是非常重要的，是你胜任工作的一个必要条件，但是，同时还有一个更重要的条件，就是你是否愿意为了组织热情地付出。如果你不肯主动付出，总是让组织迁就你的习惯，那么，即使你的能力再强，对组织而言，你都是"可有可无"的。

再回过头来看看库里常年坚持的 TCC 信念，我们会发现，信任、承诺和关怀让这位有能力的巨星真正与组织融为一体，这正是他带领团队取得成功的关键。这也说明了态度转换为能力的重要性。在态度与能力两者中，只有能力才能产生绩效，但是，态度也不可忽视，当主动奉献的态度与能力组合在一起的时候，这个人的个人能力就变成了一种全新的"能力"，他为组织贡献的价值将会是巨大的，并被组织认为是"不可替代的人"。一些有个人能力的人之所以没有做到这一点，是因为他们没有将个人能力与奉献精神结合在一起。一个真正有能力的人应该是懂得奉献的。

在今天谈奉献，有些人会觉得有点儿不合时宜，但是，我认为，我们要把组织内的关系理解为奉献关系，如果没有奉献作为基础，组织关系是不成立的。在组织中，人与人之间是相互付出的关系，上级与下级之间是相互付出的关系，部门与部门之间是相互付出的关系，奉献关系使组织真正存在并发挥作用。

奉献关系会使组织呈现出这样的现象：每个处于流程中的人都更关心他能够为下一道工序做出什么样的贡献；每个部门都关心自己如何调整才能够与其他部门和谐衔接；下级会关注自己怎样配合才能够为上级提供支持，而上级会要求自己为下级解决问题并提供帮助。也许你会觉得我的描述太过理想化，但如果不是这样，组织就只是作为一个结构而存在，不能充分发挥作用。

但是，我们遇到一个难题：如何让组织内的关系变成奉献关系？我想，也许可以从以下几个方面着手。

第一，工作评价来源于工作相关者。很多组织在进行员工工作评价时会采用各种评价方式，但是，不管使用什么样的方式，都有一个共同点，即工作评价是以工作结果为评价的根本对象。如果想要在组织内建立奉献关系，就需要改变评价的主体和根本对象。

在组织的评价体系中，最为关键的评价主体应该是工作相关者，只要是流程上相关的人都应该成为员工工作评价的主体。如果员工的上司没有与员工构成流程关系，就不需要作为员工工作评价的主体。同时，不仅要评价员工的工作结果，还要评价员工的工作贡献。

　　举个例子，假设某个员工把工作完成得很好，但是，因为他认为别人都没有他做得好，所以采用的是自己独立完成的方式，这导致其他人由于没有机会参与工作而无所事事。这样一来，尽管他的工作结果很好，但是我们仍然不能够评价他的工作做得很好。

　　在这个例子中，员工有工作结果，但是工作贡献不够。如果他愿意奉献，给其他人参与工作的机会，最后得到的就不仅仅是工作结果，还有进一步的工作贡献。进一步的工作贡献对组织而言非常重要，这也是对管理者的要求。如果你只能一个人独立地把工作做完，这说明你具有独立工作的能力，但这不足以使你胜任管理者的角色。从短期来看，你的效率很高，但从长期来看，你没有为组织培养人。有时候我们只在意人们的工作结果，忽视了其工作贡献，反而使人们更加自我，忘记了奉献。

　　第二，分享回报，让奉献者得到应得的报酬。这是企业应该对员工做出的承诺。在工资这个话题上，福特公司在历史上写下了重要的一笔。很多人都知道这家企业为人类社会从马车时代发展到汽车时代做出了巨大贡献，这背后实际上是人的贡献，而人们之所以愿意做出贡献，和亨利·福特的利润分享密不可分。

亨利·福特曾说："我认为我们的企业不应该赚取这么惊人的利润，合理的利润完全正确，但是不能太高。我主张最好用合理的小额利润，销售大量的汽车……因为这样可以让更多人买得起，享受使用汽车的乐趣；还因为这样可以让更多的人就业，得到不错的工资。这是我一生的两个目标。"

在福特公司 1909 年的年终奖分配中，一年工龄的人得到年工资的 5%，两年工龄的人得到年工资的 7.5%，三年工龄的人得到年工资的 10%。有些人指责亨利·福特"让工资带上了慈善色彩"，但他认为"这一切之中没有加入任何的慈善因素"。在他看来，福特公司支付工资的具体做法会不断改动，但不会偏离和改变他的原则，这个原则是"如果你期望一个人贡献出他的时间和精力，那么请给他定下一份工资，使他没有经济上的后顾之忧。这是很值得的"[⊖]。这个原则在今天依然能让我们有所启发，它提示我们：组织不要只是对员工提要求而忘记做承诺，不要忘了给予奉献者其应得的回报。

第三，激励和宣扬组织的成功而不是个人的成功。在

⊖　福特. 我的工作与生活 [M]. 梓浪，莫丽芸，译. 北京：北京邮电大学出版社，2005.

鼓励每个人做出奉献行为的时候，组织中需要形成一种氛围，那就是注重团队的荣誉而非个人的荣誉，注重个人在团队中的角色以及所发挥的作用。多年来，很多中国企业一直存在一个习惯，总是会把所有人的努力最终变成一个人的成就，所以才有了所谓的"组织教父""精神领袖"之说。在中国企业中，通常不会存在多个成功人士，在大多数情况下，企业的成就都只是一个人的成就，结果出现了两种极端的情况：一是组织里只有一个人拥有绝对权威，其他人都只是配角，不能够分享成就和成功；二是认为付出之后需要分享成功的人只好自立门户，结果诸侯割据尽现，企业由此无法获得持久的成功或者大的成功。我们真的应该好好反思这些现象。

一个人即使聪明绝顶、能力过人，若不懂得积极热心、主动付出，要想获得成功，也必须付出成倍的努力。

不肯付出的人在组织中只会做被分配的工作，愿意付出的人就算能力有限，也能带动团体，集中众人的力量，使工作顺利进行。

一个好的组织里，每一个成员的第一要件是：主动关心别人的需求。

组织处于不确定的商业世界中

今天的商业世界比以往任何一个时期都混乱，这是每个人都要面对的现实。我们应该尝试着探索在这样一个混沌的商业背景下，组织需要做什么样的管理转变，或者说应该关注什么样的关键因素，以保证组织能够自我调整，适应混乱的现实。

然而，中国的大部分企业都处于一个相当稳定的结构中，组织运行多是沿用一种等级森严的、机械的、稳定的方式。最高层管理者制定战略（也有企业向外部咨询顾问或者专业人士寻求帮助），中层管理人员执行战略，每个企业都非常注重甚至过度追求精密的控制和报告体系。随着信息化程度的提高，越来越多的企业满足于进行大量的数据分析和一层一层地向上报告，高层管理者也满足于根据数据说话，并且常常因为应用了新的信息工具而沾沾自喜，基层管理者则不断地强化组织的稳定性，结果形成了一个我称之为"超稳定的结构"的结构。这样的结构对于降低成本、维持品质以及提高执行力会有极大的帮助，但是，在今天的竞争环境中，降低成本和高速增长并存，维持品质和创造性破坏并存，提高执行力和不按常规做事并存，这些看似矛盾的并存现象，是企业必须面对的情况。

以往的超稳定的结构已经无法适应变化的环境，从前运作有效的组织管理模式也不再那么有效地运行了，我们看到企业处于非常尴尬的境地：一方面需要保持自身的系统稳定性，另一方面又需要把自己放在竞争环境中不断变化；一方面需要留住优秀人才，另一方面又需要不断地引进新人才以打破固有的平衡；一方面需要保持竞争优势，另一方面又要放弃固有的东西，超越自己。每一家企业都面临着一个全新的现实，这个现实就是我前面提到的：第一，组织不再是一个"封闭的系统"；第二，组织中不再存在明确的杠杆。当然，还有非常重要的一点是：组织的经营环境已经不再是稳定的状态。

如果我们承认这些观点，那么，组织管理所要解决的问题就是组织在混沌状态下如何运行。关于这个问题，我认为应该从以下四个层面进行思考。

管理者需要学会混沌的思维方式

混沌的思维方式是相对于稳定均衡的思维方式而言的。稳定均衡的思维方式是我们习惯的组织管理思维方式，这种思维方式最看重的是如何确保所有的行动都回归到预定的计划上来。管理者努力的方向是保证结果与计划相一致。因此，在行使管理职能时，他们会坚持控制和计划这两个基本的管理职能。我们在计划管理中习惯使用的"例外管理"就体现了这一点。"例外管理"指的是，管理者总是计划实现某种均衡状态，一旦偏离这种均衡状态，就会采取行动。

但是，混沌的思维方式刚好相反，它不是不关心结果与计划是否相一致，而是更关心在目标的实现过程中如何找到能带来超乎寻常结果的机会。我们还是以"例外管理"为例，在混沌的思维方式下，管理者关注的不是是否出现偏离均衡状态的行动，而是不断寻找改进的机会。

最知名的例子是日本本田公司在美国摩托车市场的成功。本田公司进入美国摩托车市场的时候，美国消费者公认的消费习惯是偏好更大、更奢华的车型，于是本田公司以此为方向制订了营销计划，但是没有获得成功。然而，当本田公司偏离了这个计划，转而挖掘人们对小型车的兴趣时，竟然在 5 年之内就成功占领了美国摩托车市场。

组织需要构建自己的弹性能力

弹性能力指的是不借助任何外力，自己加压、自我超越的能力。有些企业似乎永远不会犯错误，总能抓住机会获得竞争优势。你也许会将它们保持成功的原因归结为运气好，或者在行业中的领导者地位，认为它们能够控制市场或者控制环境。但在我看来，这样的理解是非常错误的，支撑这些企业的关键因素是它的弹性能力。

我们可以看看海尔。最初海尔走的是质量之路，但它并没有就此停步，而是在合适的时机开启了服务战略。当海尔凭借优质服务赢得强大竞争优势时，它又进行了组织流程再造，并随后致力于全球化发展，到今天，海尔又提出了"定制美好生活"的理念。每一次变革，海尔都把握住了市场变化的脉搏，始终在行业中领先一步，所以总能在市场上处于主导地位并保持竞争优势。

相反，很多企业总是在外部压力的逼迫下才做调整，甚至环境改变了还幻想着能保持现状，自己从不去主动改变。更有一些企业认为自己拥有的优势是长久不变的，于是沾沾自喜地活在自己的世界里，对外部的变化视而不见。

在稳定均衡的状态中，企业可以维持原有的竞争优势，并依据自身的市场经验来预测未来。但是，当企业进入一个混沌的环境时，它所面对的将是全新的问题，没有经验和先例可以借鉴，以前的优势也很可能会变成劣势。所以，组织需要自己加压、自我超越、不断改变，这才是正确的选择。

在组织内部打破均衡状态

稳定均衡的思维方式倾向于把发展过程理解为一种平稳的趋势，混沌的思维方式则把发展过程理解为从一种半稳定的临时状态跳跃到下一种半稳定的临时状态。所以，在混沌的思维方式下，所有发展都是时断时续的。

我认为，混沌的思维方式对发展过程的理解更接近实际的市场情况，这意味着组织需要打破自身的平衡来获得市场机会。

因此，管理者需要关注的是确保组织迅速地上升到新的变化空间，在时断时续的发展中更多地停留在持续发展的阶段而避免停顿。这就要求管理者必须清醒地认识到：管理中的某个举动或者疏忽所造成的后果很可能会使企业错过持续发展的阶段。所以，组织内部不能默许没有能力的人担任关键职位，不能默许年迈的管理者在关键岗位上消磨时间直至退休，不能对市场上的新技术采取观望的态度，不能放任服务水平下降，绝对不能追求"一团和气"。

实现组织学习

构建学习型组织在今天已不再是一个时髦的话题，然而问题的关键不在于是否要构建学习型组织，而在于如何实现组织学习。

组织学习的根本目的是从根本上解决组织存在的问题，而不是被动地对这些问题产生的后果做出反应。举个例子，一家印刷企业在每年 8～9 月都会进入高峰期，出现生产无法满足市场需求的问题。这家企业通常会选择加班和订单外包来缓解问题。于是，提高工人的熟练程度、强化外包工作的管理就成了这家企业组织学习的主要内容。但是，这并没有解决高峰期和低谷期的问题。真正的组织学习应该分析产生生产高峰的根本原因，是订单的问题还是计划的问题，是产品结构的问题还是客户结构的问题，是市场区域的问题还是销售政策的问题。通过深入分析事件背后的原因，找到根本性的解决方法，这才是真正的组织学习。

这四个层面的思考虽然并不能让我们完美应对组织在混沌状态下的变化，但是，至少让我们认识到组织已经处于一个非均衡、混沌的环境中。在这个环境中，组织必须是动态的，管理者也必须转变思维方式，掌握混沌的思维方式，实现真正的组织学习，主动打破组织内部的平衡，不断超越自己。只要管理者能够做到以上这些，无论出现什么样的突发事件，也无论环境如何改变，组织总是可以让自己凌驾于变化之上，处于主动的位置。

03

第 3 章

组织结构

组织结构让权力和责任互相匹配。

组织结构有着自己的特性：一方面，结构的作用是保持稳定，只有稳定的结构才能产生效率；另一方面，发展需要结构变化，只有变化的结构才会带来发展。

组织结构的管理，或者组织管理，是围绕着责任展开的。

组织结构体现自我约定的关系

组织结构之所以能够发挥作用，可以分责分权，是因为组织管理最重要的特征是组织内的结构可以自我约定，而这种约定方式决定了资源的获取和权力的分配。我在给EMBA班上课时曾经开过一个玩笑，我说一个40人的班级可以有 30 名班长，大家都笑了。也许你也会笑，可是当我把道理讲通时，我相信你会同意设立 30 名班长。

一个组织是否强大，首先取决于它所拥有的资源。一个班级想变得强大、有话语权，也得先拥有资源。如果这个班级希望自己是所有 EMBA 班级中最强大的，希望获得与商学院平等沟通的能力，比如要求学院配置最好的老师，那么它就需要具备与商学院对话的条件，而这种条件取决于班级所拥有的资源。如果这个班级有 60 万元的资金，那么就可以用这笔钱和商学院的资源配合起来，邀请最好的老师。但是，60 万元从哪里来？这时，组织管理的好处就可以体现出来了，这个班级的学生可以约定一种结构，比如设立 30 名班长，每个班长出 2 万元，这样就可以凑齐 60 万元的资金。只要设计这 30 名班长拥有相应的权力，那么这一切就可以做到。

当然，有人可能会觉得这个结构太臃肿了，设立 30 名班长也不现实，但是我想说的是，这就是自我约定的关系。因为有 60 万元的目标，有 30 份责任，所以有 30 名班长是行得通的。换个角度说，企业设定多少副职经理岗位，最重要的是看有多少责任需要分配。只要能很好地界定责任，就不存在结构臃肿或者管理人员太多的问题。

因此，我们不需要关心企业有 10 位副总裁是多还是少，重要的是这家企业有没有 10 份责任。如果有，有 10 位副总裁就是合理的；如果没有，即使只有一位副总裁也可能是多余的。组织的结构可以完全按照内部的约定来设定，关键在于责任由谁来承担。

组织结构的功效

在管理中，组织结构发挥着重要的作用。具体来说，组织结构的功效体现在以下三个方面。

保证权力与责任的匹配

亨利·法约尔（Henri Fayol）把"权力与责任"列为管理的一般原则，并提出了计划、组织、指挥、协调、控制的管理职能。在这些职能中，只有组织结构体现了权力和责任的关系，因此，组织结构的功能之一就是厘清权力和责任的相互关系。其中，最重要的一点是保证权力和责任的匹配。只有当权力和责任相互匹配时，组织管理才会有效地发挥作用。因此，组织结构的设计需要清晰地划分出权力线、责任线、沟通线和控制线。其中，权力线和责任线体现组织结构的纵向安排，沟通线和控制线体现组织结构的横向安排。换个角度来说，组织结构的纵向安排界定了权力和指令，同时也就界定了责任和权限；组织结构的横向安排则界定了如何沟通和控制公司资源。其中，最关键的一点是在进行权力设置时，责任应与之相匹配。

　　组织结构的纵向安排主要考虑的是责任和权力的配置，需要回答两个问题：一是设计多少个层级，二是公司的主业务线是什么。对于第一个问题，设计的原则是：以考核点为准，只要是需要考核的点，就设计一个层级。比如，一家公司需要考核副总经理、厂长、车间主任，那么，这家公司的组织结构从总经理开始算起就有四层纵向关系；如果这家公司的关键绩效指标是考核厂长的，那么，这家公司的组织结构从总经理开始算起就只有两层纵向关系。对于第二个问题，设计的原则是：以公司的主营业务为标准。比如，销售公司的主业务线是总经理对着销售系统，其他的都是辅助线；制造公司的主业务线是总经理对着制造系统，而销售系统则变成了辅助线。

　　组织结构的横向安排需要回答的问题是，需要多少职能部门来完成资源的专业配置以控制好公司资源，这就是控制线要做的事情。设计的原则是：以主营业务对于职能的需求为标准。最关键的是尽可能地减少细分，突出关键职能即可，部门越少越好。需要强调的是，在一家企业的组织结构中，职能部门不能拥有权力，只能提供专业的指导意见和服务。原因很明显，因为职能部门没有承担经营责任。在组织中，权力和责任一定要互相匹配，不能出现这样的情况：拥有权力的人不需要承担责任，承担责任的人却没有权力。

服务于战略，担负起实现战略的责任

组织结构的设计必须服从于企业的战略，而战略在组织结构上的体现可以用"责任"来描述。战略得以实现的要求就是组织结构存在的原因，因此，担负起实现战略的责任是组织结构的一个重要功能。

我们清晰地看到中国企业在组织结构设计上常常犯的错误。

有些企业的组织结构是"面朝董事长，屁股对着顾客"。这种结构非常流行，因为很多人都习惯于面朝上司，关心上司的脸色和看法，一切以上司为基准。在这样的结构中，领导层所说的"一切为基层和员工服务"成了一句口号。

　　还有些企业的组织结构是条块结构。在这样的结构中，各个部门各自为政，每个部门或者系统都只关心自己的问题，并想方设法把责任推给其他部门或者系统，从来不考虑为其他部门和系统提供服务和帮助。因此，在这种结构中的人习惯相互埋怨和推诿，却没有人愿意负责或提出建设性的意见。

　　这些错误的结构之所以存在，根源在于它们都是从权力出发进行设计的，而忽略了责任。如果从责任出发、从实现战略的角度来设计结构，就可以避免以上错误。

重新建立组织和个人之间的心理契约

　　心理契约通常被描述为未成文的契约，也就是员工与组织之间隐含的相互期望的总和。○在寻求新的竞争优势的过程中，组织常常会陷入尴尬的境地：很多时候，组织不能履行它对员工做出的承诺，即违背了心理契约。研究表明，心理契约的违背不仅会对员工造成情感上的伤害，对组织来说也是非常有害的。当组织正需要员工更灵活、更

　　○　莱文森（Levinson）于 1962 年界定了"心理契约"这个概念，他将心理契约描述为未成文的契约，也就是员工与组织之间隐含的相互期望的总和。沙因（Schein，1965，1980）也关注了心理契约，提出心理契约是个体所拥有的关于组织的多种期望以及组织所拥有的关于员工的多种期望。

努力地工作时，许多员工却因组织违背了心理契约而从双方良性的交互关系中撤退，这极大地影响了组织的绩效表现。

鉴于违背心理契约可能造成的负面影响，企业在组织结构设计过程中有必要关注心理契约，并对其进行重建。实施新的组织结构是一个大好的机会，可以重新建立企业和每个员工之间的心理契约，促进双方良性交互。

重建心理契约，首先，需要企业建立开诚布公的沟通体系。充分的沟通可以有效地缓解结构调整给员工带来的压力，同时，也能让员工清楚地知道自己在组织结构中的位置，并切实感觉到责任和权力，从而专心工作。

其次，要确保确立结构的公平性。在进行组织结构和人员的调整时，很多员工会产生极大的心理波动。但只要整个调整过程遵循公平原则，过程中就会充满互谅互让。而且，组织程序的公平性还能消减违背心理契约时员工的负面反应，因为他们会认为自己仍然是组织里具有价值的重要成员之一。

最后，应恪守承诺。心理契约的构建基础是信任，为了迎合现有员工的心理预期而轻易做出的承诺，可能成为未来组织食言的证据。很多组织在设计结构的时候，总是对员工宣称：我们调整现有的结构和人员的目的是为大家提供一个更大的平台，是给大家提供更多的机会。然而，当实际操作开始后，裁员却随之发生，员工因感觉被出卖而愤怒不已。切记，不要在设计结构的过程中轻易做出承诺。当你确实需要做出承诺时，一定要做到言而有信。如果做得好，组织结构设计的过程可以让公司重新振奋，重新调整自己的重点，让组织与个人建立起新的心理契约。

组织结构的设计应遵循古典设计原则

常常有人问我：企业的组织结构应该如何设计？关于这个问题，理论告诉我们，组织结构设计与四个要素相关，即战略、环境、技术、规模。但是，现实中，组织结构却往往是由老板的意愿决定的。老板希望设立 10 个副总裁，组织结构便会因此被确定下来，哪天老板想撤掉所有副总裁，组织结构又会随之发生彻底改变，尽管理论上四个要素并没有任何改变。

反过来，我们可以从另一个角度来分析，进而理解组织结构设计需要关注的问题。我们最常看到的情形是：管理者非常喜欢把员工放在组织结构框架图中，希望员工能老老实实地待在自己的"框子"里，而他们又经常把这些

"框子"搬来搬去，重新整理和排列，每一次搬动都被称为"组织再造"或者"组织变革"。有些管理者甚至把组织结构当作地盘来划分，形成各自默认的利益关系。这些现象导致组织结构不但无法发挥应有的作用，反而成了管理的桎梏和内部利益分割的工具，这是非常不利的，必须纠正过来。

那么，组织结构到底该如何设计呢？我们需要遵循古典设计原则。

第一个原则是指挥统一。也就是说，一个人只能有一个直接上司。

第二个原则是控制幅度。每个人的管理跨度其实是有限的，从理论上来讲，比较合适的管理跨度是五六个人。越到基层，管理跨度越大；越到高层，管理跨度越小。

第三个原则是分工。组织结构设计的关键是分工，分工可以分为横向和纵向两个方向。纵向分工即职权线，也就是企业的经营分工，它决定了绩效、权力的分配。从纵向分工的视角，我们可以看出企业中承担绩效的层级、管理的层级以及考核的对象。在这条线上，必须保证承担绩效的人权力最大、与总经理的距离最近，而不是职位高的人权力最大。横向分工即资源线，公司的所有资源都在这条线上进行专业分配，保障业务部门能够获得充分的支持，所以横向分工又被称为职能线。横向分工最重要的是专业化分工以及专业化水平。同时，为了确保资源的有效使用，横向分工一定要尽可能简单，尽可能精简，能减少就减少，能合并就合并。很多人有个误区，认为职能部门要细分，其实，职能部门需要的是专业而不是细分。

第四个原则是部门化。必须把做同一件事的人放在一个部门里，交由一个经理来协调。比如，把分工所产生的专业技术员工集中到一个部门，由一个经理来领导。如果没有把做同一件事的人放在一个部门里协调，资源就会被分解，最终会被浪费掉。

组织结构的核心是分责、分权，所以我们还需要确保纵向分工所形成的职位大过横向分工所形成的职位。这样，职能部门为一线部门服务才不会成为口号。

常用的组织结构及其优劣势

目前流行的各种组织结构都有其优缺点以及使用的条件，在运用这些组织结构的时候，对于结构本身存在的缺点，必须有相应的解决方案，否则这些缺点会影响组织管理的效果。需要强调的一点是，组织结构的选择原则并不是求新，而是适用。

职能型结构

职能型结构（见图 3-1）是将同类的专家组合在一起，从劳动分工中取得效益。职能型结构的优点是能产生规模经济，减少人员和设备的重复。缺点是常常因为追求职能目标而看不到全局利益，这很可能导致部门之间不合作，因为每一个部门都会追求自己部门的发展，以致忽略了整体的配合。对于这个缺点，企业需要借助其他的措施来解决。将每个部门经理的考核和绩效奖励与企业的整体目标挂钩就是一个有效的解决方案。

图 3-1　职能型结构

由于职能型结构能帮助企业实现追求规模的目标，同时减少资源的重复和浪费，企业在成长阶段大多会选择这种结构，以获得快速增长。

事业部制结构

　　事业部制结构（见图 3-2）可以创造出自我包容的自治单位，这些单位通常是机械式组织。事业部制结构的优点是强调结果，总部人员能专注于长远的战略规划，同时能为企业培养出高级管理人员；缺点是活动和资源经常重复配置。

图 3-2　事业部制结构

　　对于多产品、跨区域以及多种产业经营的企业而言，事业部制结构是一个合适的选择。除此之外，当企业处于发展阶段时，也适合运用这种结构。在这个阶段，企业已经奠定了较好的基础，具有了构建品牌和自我发展的能力，企业的专业化人员也成熟起来，给职业经理人的发挥创造了条件。

　　对于事业部制结构存在的重复和浪费现象，可以用两个方面的管理来弥补。一是计划管理，也就是说，公司对于各个事业部不要进行绩效管理，而要进行计划管理。严格的计划管理，再加上对预算的控制，可以使资源得到有效配置，同时，这些资源也会因为计划管理而得到有效管理。二是品牌管理，这可以使各个事业部在集团公司的框架下保持一致。

扁平化结构

扁平化结构（见图 3-3）是典型的直线型结构，也是一种简单结构。职权和专业职能都由直线老板掌控，没有进行分离，老板一人身兼数职，既是老板，也是专家。扁平化结构的优点是反应快、灵活、运营成本低、责任明确，但缺点也很明显：低复杂度、低正规性，以及职权集中在一个人手中。

图 3-3　扁平化结构

扁平化结构在一段时间内曾经非常流行。因为技术和环境变化的加剧要求组织具有适应性，在这种情况下，扁平化结构因其反应快、灵活、运营成本低、责任明确的优点而获得了广泛的追捧。但是，扁平化结构使所有事情都取决于老板，会给企业带来很大的风险，所以只适合小型组织。大型公司是无法使用扁平化结构的，因为对它们而言，风险控制是非常重要的。

扁平化结构的运用有两个前提条件：第一，企业文化要好，企业内部要有信任、正向以及彼此合作的氛围，每个成员都是健康、积极的；第二，信息系统要完善，企业内部的信息平台可以充分分享信息，让老板能及时了解到所有人的状态。

矩阵式结构

矩阵式结构（见图 3-4）利用职能部门获得专业化的经济性，通过这些部门配置一些对组织中的具体项目、产品和规划负责的管理人员。如果企业既需要规模增长，又需要专业化能力以及突破有限资源的限制，矩阵式结构就是一个合适的选择。

矩阵式结构的优点是能协调一系列复杂而独立的项目，同时保留将职能专家组合在一起所具有的经济性。缺点是容易造成混乱，有出现权力斗争的风险。

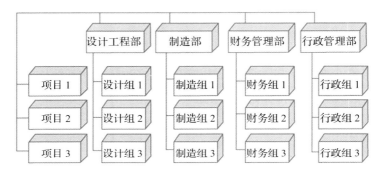

图 3-4　矩阵式结构

　　这些缺点会使企业的运营受到影响。如图 3-4 所示，公司运用矩阵式结构让设计工程部在专业化的指导下配合项目 1 完成任务，项目 2 和项目 3 也同样如此。但是，最终的结果是项目 1 完成得非常好，项目 2 和项目 3 却都没有完成。在这种情况下，只有项目 1 的设计人员能够得到奖励。之所以出现这种情况，很有可能是因为设计组 1 的成员想让设计工程部的经理为他提供资源，使项目 1 得以顺利完成。由于设计组 1 占用了更多的资源，设计组 2 和设计组 3 的设计人员没有足够的资源，项目 2 和项目 3 无法完成任务。这会给公司造成很大的损失。

　　矩阵式结构的这些缺点是无法避免的，但是，企业在资源有限又需要规模化发展的时候，仍然需要选择矩阵式结构。这时，企业需要从两个方面来做安排：第一，进行明确的计划管理，做到预算清晰并严格控制；第二，双向考核，每个专业成员都要接受专业部门对其专业能力的考核，同时也要接受业务部门对其业务目标贡献的考核。此时的关键是专业能力与业务目标贡献合二为一，这才是真正的专业。比如，财务人员应发挥其专业水平，在达成业务目标的同时保证财务的合规。

网络结构

网络结构（见图 3-5）是一种只有很小的中心组织，依靠其他组织以合同为基础进行制造、分销、营销或其他关键业务的结构。很多人都很羡慕地产业的老板，如万科的王石、万通的冯仑等，因为他们好像不太需要做具体的业务，有很多时间和精力做自己想做的事情，而他们的企业却发展得很好。他们的悠闲有很多原因，从组织管理上来说，地产业是较早运用网络结构的行业。

网络结构的优点是管理层对新技术、新时尚或者来自外部的竞争有更强的适应性和应变能力，缺点是对组织所进行的活动和供应品缺乏控制力，难以保证供应品的质量，技术创新很容易被窃取或扩散。

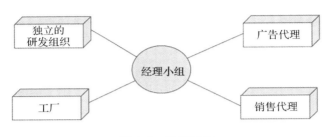

图 3-5　网络结构

　　网络结构非常符合现在这种变幻莫测的环境，尤其是资源稀缺、原材料和劳动力成本不断提升的时候，网络结构可以发挥很大的作用。因为它易于变化，能适应环境，能把有限的资源集中在自己最擅长的业务上，而让其他人做他们擅长的业务。

　　因此，网络结构可以让企业认识和确定自己在价值链上的能力，同时也让企业的每一部分都能独立生存，这是网络结构最大的价值。但是，因为我们习惯于用最终的绩效结果考核公司，内部各部门之间不能完全用市场价值判断，所以，网络结构只适合小部分企业。如果企业想要采用网络结构，可以先从内部市场化开始，等内部市场化完成后，再做外部市场化安排，可以外包的就外包，可以战略联盟的就安排战略联盟，公司自身则集中资源做价值链上最能体现公司价值的部分。

　　企业内部市场化，就是用市场价格体系和评价标准来安排公司内部各部门之间的关系。比如，研发部门研发出来的产品，需要具有市场竞争力，使公司内部的其他部门愿意购买，否则，公司内部的其他部门可以从外部企业购买同类产品。制造和销售部门也是同样的道理。简单地说，就是所有部门之间都是市场关系。在这样的结构中，每个部门离开公司的其他部门都能存活，因为它们不是被公司保护的部门，在市场上也有很强的竞争力。这样一来，企业整体的竞争力也会很强。

　　网络结构的缺点可以通过两个安排来解决。第一，品牌管理。强大的品牌能把价值链上的所有环节都连接在一起，而品牌的核心是顾客价值的创造，其中，最重要的是品质的承诺。第二，核心经理人团队。企业一定要构建一个强有力的经理人团队，运用团队的能力与价值链上的每一个环节对接，指导和管理价值链。当企业具有这两方面的管理能力时，网络结构就会发挥效用。

　　虽然并不是每个行业、每家企业都可以采用网络结构，但我还是建议公司向这种结构发展，先从公司内部市场化开始做起。

组织结构如何让人获得满足感和工作绩效

　　人之所以要工作，从最简单的角度来看，是为了获得满足感和工作绩效。而组织结构的安排能让人同时获得满足感和工作绩效，这是组织结构的一个特殊功能。组织结构之所以具有这样的功能，得益于组织结构设计的七个关键点，也就是说，处理好这七个关键点，员工就会因为组织结构本身的安排而获得满足感和工作绩效。

维护职权阶层的权威

　　所谓职权阶层就是指管理人员，他们具有一定的职权，能获得比别人更多的信息和决策机会，可以掌握和运用资源。职权阶层为什么会有满足感和工作绩效呢？组织管理中有一种方法是"信息管理"。很多时候，职权阶层可以通过掌握不同的信息，做出不同的判断，从而获得影响力。管理的各种手段中最常用的是开会和发文件。而职权阶层由于拥有不同的职级，参加不同的会议，阅读不同的文件，就能获得不同的信息，这些不对称的信息可以让下属更加确信其判断和能力，也就强化了下属的服从性和管理效果，从而获得满足感和工作绩效。因此，我常常反对开总经理扩大会和让更多人看到管理文件。会议管理和文件管理是极其重要的。会议是否需要开？什么人参加？文件如何传递？什么人掌握？……这些都是非常重要的安排，也是使职权阶层获得感受的手段。可惜的是，很多企业不认真对待这两种手段，没有很好地控制会议和文件，导致公司内部管理信息多头，指令理解多头，政令不能保持一致，管理效果可想而知。

举一个日常管理的例子。总经理召集了一个行政工作会议，结果相关部门的人都来了，包括后勤部的经理、副总和主管等。会议期间，总经理对后勤部的人说需要喝水，结果，后勤部经理下指令给总经理拿矿泉水，后勤部副总坚持拿开水，而后勤部主管说总经理习惯喝茶水，三个人无法达成一致意见，耽误了很多时间，最后只好再征求总经理的意见。总经理说要矿泉水，但后勤部副总和主管还是不服气，觉得总经理今天是特殊情况，否则一定不会喝矿泉水。为什么这样小的事情不能立即执行指令？原因是三个人都参加了会议，都有机会获得信息以及做出判断。如果只有后勤部经理参加会议，他的指令一定会马上得到执行，他的权威也会得到保护。因此，维护职权阶层的权威是极其重要的。

区分直线和幕僚，设计专业晋升路线

直线（Line）指的是职权阶层，拥有职权；幕僚（Staff）指的是专业人员，通常发挥的是自身的专家权威或专业优势。幕僚可能是企业内部人员，也可能是从外部聘请的顾问，他们在企业中充当参谋，往往不可或缺。尤其是随着企业规模的不断扩大和专业化需求的增强，幕僚的重要性会越发凸显。小企业或初创企业通常是典型的直线型结构，老板或经理可能一人身兼直线和幕僚的角色。但当企业进入成长阶段，幕僚和直线角色就要开始分离了，这时企业需要引入专业人员，于是就有了职能型结构。

幕僚对组织的成长很重要。但是，由于管理强调责权利对等，人们往往会陷入一个误区，认为责权利都集中体现在管理职级上。因此，几乎所有人都认为要得到肯定、获得绩效，就要在管理职级上获得晋升，于是，大家都希望转到管理岗位并成为管理者。但是，管理岗位的数量始终是有限的，而且还有很多岗位同样具有重要责任，并发挥不可替代的功能。只是因为组织结构设计没有关注到这一点，导致人们并不关心功能和责任，而只是一味地追求在管理岗位上的晋升，如果实现不了就会缺乏满足感。

如果企业不进行多条晋升路线的设计，就会导致所有优秀的人都往管理岗位上挤，而这些优秀的人虽然也许能成为优秀的管理者，但是更多的人可能更适合在专业岗位上发挥作用。况且管理岗位数量有限，这些优秀的人不断竞争，对组织和个人来说都是极大的浪费。

我常常到制造企业调研。在过去的 30 年里，中国制造业进步很大，技术、资金、产品和管理都有了巨大的发展，但技术工人却没有得到相应的发展，他们不安于做工人，一门心思地想成为管理者，却看不到希望。之所以出现这样的现象，主要原因就是组织结构设计的错误使工人没有晋升的空间。然而，一个以制造见长的国家，如果没有产业工人，该是多么可怕的事情。

做好部门的划分

部门的划分既可以彰显专业化，也可以帮助部门成员建立自我认知，尤其是使他们正确认识自己在公司的地位和作用。例如，由于大客户部这个部门被称为大客户部，部门内的很多成员就对自己有了不同的认知，他们会认为大客户很重要，在这个部门工作说明自己也很重要。这将他们与其他没有在大客户部工作的同事区分开来，他们因此有了不同的感觉，为了一直保有这种感觉，他们会努力地工作。

部门的划分有多种方式，常用的是两种：按照目的划分和按照程序划分。但是，不管使用哪种划分方式，最终都体现了一个共同的思想：在明确划分的部门中，成员最具有这个部门专业领域的权威性。

以分权赋予员工成长和绩效感

组织职能和领导职能的区分就是分权和授权的区分。在领导职能中，员工通过授权得到权力，而在组织职能中，员工通过分权得到权力。授权的权力依然在领导者的手中，而分权的权力则在员工自己手中，这更能让人成长和有绩效感。

形式化设计

形式化是非常重要的，可惜的是，很多人都忽略了这一点。我常常想为什么中国企业内部很难合作，而相比之下，西方企业的内部合作就容易得多，其实，一个重要的原因是形式化程度的差异。在西方，在称呼方面没有形式化的要求和习惯，上至总裁和老板，下到一般员工，都会习惯性地互相称呼名字，不加职称和头衔，因此合作比较容易。但是在中国企业中，称呼方面的形式化程度极高，人们在称呼他人的时候总是担心称呼的职位不到位，害怕因此得罪上司，这样的习惯导致我们合作起来比较困难。

形式化设计体现在很多地方，比如工作服装上的差异，会让一些人获得满足感；工作场所的大小也会让一部分人获得满足感。通常，我会建议给管理人员的办公场所要稍微大一点，这样他会更加珍惜并希望一直保有，为此他会付出更多一些。

还有一个更重要的形式化是管理岗位的设置，我建议职能部门的头衔一定要小，绩效部门的头衔一定要大。为什么很多公司的职能部门不能为绩效部门服务？就是因为职能部门的头衔比绩效部门的头衔还要大。一般而言，职能部门负责人我们称之为总监，而分公司的负责人我们称之为分公司经理。从习惯认知上来说，总监显然比经理大，在这样的情况下，让职能部门为绩效部门服务是很难做到的，因为分公司经理面对总监的时候是无法提出要求的，反而更多的是为总监服务。绩效部门的人要承担的责任大，头衔应该尽可能大，而职能部门主要对内提供服务，头衔应该小一些。通过形式化的设计，企业中职能部门为绩效部门服务的氛围就营造出来了。

设计控制幅度

　　一个人可以控制的幅度往往可以让这个人获得明确的感受，所以控制幅度的设计会直接带来满足感和工作绩效。我们并不主张控制幅度越大越好，因为在古典设计原则里，控制幅度需要有一定的限制。但是，当一个管理者获得肯定后，扩大他所管理的幅度是一个很好的绩效肯定，也是他能很容易地获得满足感的原因。

重视专业化

　　专业化是我最担心的一点，在此要做特别强调。在企业中，不尊重专业化的情况非常普遍，大部分公司都有分工，但是这种分工不会在职务的名称上明确地体现出来，因此，只要是副总裁，不管他在什么专业领域，都可以让所有下属接受他的意见。但实际上不应该是这样的，我们应该尊重专业能力而非职位。而且，因为没有明确的专业安排，在大多数情况下，每个副总裁都会对所有的职能或者专业发表意见，而下属必须执行，这就会使绩效受到影响。所以，在这个层面上，所有部门都需要以全称界定，比如财务副总裁、营销副总裁、成本主管、质量主管等，只有这样设计，才能让专业人士发挥作用，使专业能力受到尊重。

组织结构需要配合企业发展的需要

组织结构设计的一个难题是，如何使结构为适应环境变化而改变。导致组织结构改变的因素非常多，包括领导、员工性质、任务、部门之间的差异、文化、组织目标、策略、组织环境的稳定性等。于是，我们常常看到，一个组织更换了领导者，组织结构就会改变；员工的能力改变了，组织结构会有所调整；所承担的任务不同，部门之间的矛盾加剧，也会使企业调整组织结构。但实际上，这样调整组织结构是错误的，因为领导风格、员工性质、任务和部门之间的差异是影响组织结构的因素，但不是影响组织结构调整的因素。

前面我们已经讲过，组织结构设计与战略、环境、技术、规模有关，这四个因素也是影响组织结构调整的因素。当这四个因素改变的时候，组织结构就需要做出相应的调整，否则组织结构会禁锢企业的发展。如果这四个因素没有改变，组织结构就可以保持不变。

当然，这是理论上的解决方法，我有自己的理解。很多企业在发展的过程中会遇到这样一些问题：什么时候应该聘请职业经理人？为什么战略无法落地执行？为什么老板认为不能把企业交给职业经理人？这些问题的背后有很多原因，为了找到更为根本的原因，我尝试从组织管理的角度进行分析。

其实，从组织管理的角度来看，这些问题的出现是组织结构不能适应企业发展导致的。正如前面所言，当战略、环境、技术、规模这四个影响因素改变的时候，组织需要做出相应的改变。而在企业发展的不同阶段，追求的战略目标不同，所处的环境不同，对技术的要求不同，企业发展的规模也不同，这些导致企业对组织结构的要求也不同。

创业阶段

处于创业阶段的企业，战略上更需要关注产品、品质以及销售额。创业能否成功，并不取决于企业是否有好的管理方式和企业文化，也不取决于企业能否把握市场机会，更不取决于是否拥有优秀的人才，而是取决于企业的产品是否过关。如果产品过关了，创业就会成功。因此，当企业处于开创和寻找生存机会的阶段时，最为重要的是确保产品质量、控制成本，这要求企业的组织结构呈现出直线型组织结构的特点。

直线型组织结构的最大特点是所有权和经营权合二为一，也就是说，企业的创立者既是经营者又是所有者，直接对成本、质量、产品负责，集权程度很高，没有授权和分权，这使企业决策集中，效率最高，成本可控，因而具有很强的竞争力。

成长阶段

企业走过创业阶段后，开始步入成长阶段。在这个阶段，企业需要关注的是销售网络的建设、规模的扩张以及品牌的积累，因此，企业最重要的是做好资源的有效配置，从而在有限的资源条件下获得尽可能大的绩效结果。企业步入成长阶段的根本标志是引入专业人士，企业不再以经验来竞争，而是用专业的能力来竞争；在组织管理上则由专业人士负责企业的不同职能部门，比如财务、营销、研发、制造、人力资源部门等，所有职能都是专业人士在发挥作用。

这个阶段的组织管理呈现出职能型结构的管理特点。

企业所有者部分授权职能部门进行管理，但是，他们仍然要从事管理工作；企业的所有权和经营权还是合二为一的，这能确保职能部门获得明确的支持。

发展阶段

企业步入发展阶段后，需要关注的是高层经理人团队的建设、企业快速成长的安排、企业系统能力的提升。这要求企业调动经理人的积极性和创造性，快速响应市场的要求，关注企业在市场中的领导者地位，并能够引领行业和市场。根据这个阶段的特点和要求，企业需要充分授权以调动经理人的积极性，同时要求经理人承担责任。在这个阶段，组织结构的最主要特征是引入职业经理人，企业的所有权和经营权分离，企业家退到董事会的层面，企业从此进入职业经理人管理的时代。

持续发展阶段

企业进入持续发展阶段后，在战略上，要解决文化认同、价值认同和理念认同的问题。这一时期，对企业来说，最重要的是领导团队的打造。当企业发展到这个阶段，一人领导已经行不通了，任何一个人都没有能力去承担那么大的责任，企业的每个决策都必须是谨慎的。我在研究中国领先企业的时候，就得出了这样的结论——"行业先锋企业的决策是谨慎决策"。因此，企业要保持组织最优状态而非个人最优状态，于是，这个阶段的组织呈现出董事会领导而非一人领导的格局，其显著特点是部分所有权和经营权又结合在一起，董事会承担起构建伟大公司的职责。

经过 30 年的发展，中国的绝大部分企业已经进入了第二阶段，部分企业进入了第三阶段，而进入第四阶段的企业却很少。按照上述阶段的发展特征，大部分中国企业都需要引进职业经理人了。

判断一家企业是否需要从外部引进经理人或者从内部提拔经理人，需要先判断企业是否已经进入第三阶段。如果企业处于第二阶段，我更倾向于企业先构建专业能力，打造专业队伍。如果专业能力不强、专业队伍建设不到位，即使企业运用了职业经理人的组织结构，也会遇到很多困惑，甚至会陷入失控和丧失发展机会的危险境地。因此，我建议所有企业先花力气和资源打造专业队伍，而不是急于引进职业经理人。

一旦采用职业经理人的组织结构，就需要构建能让职业经理人得到充分授权的环境。作为老板，你需要从管理的岗位上真正退下来，把自己变成投资人，做投资人需要做的事情——不断地和职业经理人沟通战略，为他们提供资源，与他们达成共识。如果你认为自己无法离开管理岗位，也无法做到完全授权，那么我建议你还是不要选择职业经理人的组织结构。当然，如果是这样，你也要接受一个事实，那就是你的企业将永远停留在第二阶段，无法实现进一步的发展。

企业要实现持续发展，一方面需要借助文化的力量，另一方面需要契合顾客的需求，此外，同样重要的是还要设计一个分享成长的组织结构。这也是为什么企业到了第四阶段需要建立董事会制，而且尤其强调部分所有权和经营权要合二为一。目前进入第四阶段的企业开始多起来，我们可以看出这些企业有一个共同点，那就是都设计了分享成长的组织结构，使承担经营绩效任务的人能够和投资者一起分享成长。这个分享成长的组织结构不仅仅解决了绩效的问题，更解决了持续发展的问题。

04

第 4 章

领　导

"领导"这个词大家都非常熟悉。基于日常称呼习惯，人们通常认为"领导"是领导者的专称，但实际上，这个理解是错误的。领导（Leading）其实是一个管理职能，而非特指领导者（Leader），这是需要特别说明的。领导者的确需要发挥领导职能，但管理者也需要发挥领导职能。

　　法约尔最早把管理作为一种单独的职能列出，并提出管理职能与技术职能、商业职能、金融职能、安全职能、财务职能这六种职能一起构成企业的所有活动。同时，他还提出了管理职能的内容是计划、组织、指挥、协调、控制，而领导职能则是指带领企业达成目标，保证六种职能和谐运转。在此基础上，哈罗德·孔茨（Harold Koontz）把职能作为分类依据，将管理工作分为计划、组织、领导、控制。在这一理论中，指挥、协调变成了领导，同时，领导职能被涵盖在管理中，成为一种管理职能。

什么是领导

领导是指影响别人，以达到群体目标的过程。领导者就是负责指挥、协调群体活动的责任人。现实中，并非所有的经理人都是领导者，但优秀的经理人多半是能干的领导者。并非所有居于领导岗位的人都能领导，不在领导岗位上的人也能起到一定程度的领导作用，因为领导职能有着自身的特性，即作为管理职能，领导借助于影响力而非职位发挥作用。我们甚至可以说，任何人都可以发挥领导职能，只要他具有影响力。

影响力由两个要素构成：第一个是权力，第二个是个人魅力。很多人对权力和个人魅力进行过描述，在这里我想从实践的角度来加以说明，给大家一些操作上的启示。

权力

权力本身就具有影响力。面对权力，很多人直接选择臣服，还有很多人选择依附。但是，在同样的权限范围下，一些人能让权力的影响力变得极其巨大，一些人却没有办法让权力产生影响力，为什么？其实，这是因为运用权力的能力不同。

权力产生影响力可以从五个角度来体现：法定权、专家权、奖赏权、惩罚权、统治权。

1. 法定权

在法律和制度层面，权力自身就会产生影响力。因此，在管理中需要在制度或者结构上把权力明确下来，这样它所具有的正式威力才能产生有效的影响力，也能充分发挥职能作用。

2. 专家权

专家权是指专家的权威可以产生影响力，这种影响力是非常有效的。但是，这并不是要求领导者成为专家，而是领导者可以借助专家的影响力来获得自己的影响力。比如，领导者有权评定谁是自己需要的专家，然后通过发挥专家的影响力来实现自己的目标。也可以这样表达，其实专家并没有专家权，专家权在领导者手里，专家只有通过领导者的专家权才会产生影响力。

这是一个真实的案例，源自我的亲身经历。我的一个老板朋友请我到公司讲课，我问他需要讲什么，他说他们公司最近一直在做人力资源方面的调整，希望我讲一下公司中什么样的人应该留、什么样的人应该走。我答应了。讲课结束后的第二天，这家公司的副总裁打电话给我说："陈老师，你讲课就讲课吧，干吗把我的'饭碗'砸掉？"我感到很惊讶，问他为什么这么说，他说："老板说'陈老师说这样的人应该走人，而你就是这样的人'。"我请他重复一下他的老板引述我的那句话，我发现自己的确讲过，不过我在讲这句话的时候有一个前提条件，但老板没有考虑这个条件，他只是借用我的这句话（专家的意见）把副总裁撤掉了。这就是专家权，这个权力在老板手里，不属于专家。

3. 奖赏权

获得肯定和赞赏是人性的基本需要，因此奖赏具有很大的影响力，特别是来自高层管理者的肯定和赞赏对员工的影响力尤其巨大。职位越高的人，使用奖赏权的机会越多，所产生的影响力也就越大。但是，我们会发现，通常来说，职位越高的人，奖励的习惯越少，批评的习惯越多，甚至有人认为这样做会形成权威。我们需要明白的是，位置高的人评判和批评的机会很多，但这并不意味着评判和批评会带来让员工服从和认同的效果。实际上，多一点奖赏，会对员工产生更大的影响力并获得良好的认同。

4. 惩罚权

惩罚具有影响力是大家都熟知的常识，在此我不再赘述，我会将它与权力的最后一个角度——统治权合并说明。

5. 统治权

统治权和惩罚权有着很多相似的特征，因此，我把它们放在一起讲。使用惩罚权和统治权都需要一个前提，即一旦使用这些权力，就需要考虑运用的效果，也就是说，必须起到"杀一儆百"的效果，否则就会得到相反的效果——不但不会产生影响力，反而会导致影响力下降。很多人认为新加坡的法律很严，但事实上，新加坡不光法律很严，对法律的执行更严格，所以新加坡的法律运用的效果才非常显著。可见，惩罚权和统治权的严格使用是非常重要的。

对于权力所产生的影响力而言，法定权、专家权和奖赏权应该多使用，而统治权和惩罚权应该尽量少使用，但是一旦使用就要严格有效。有一位将军曾说：对待士兵一定要有火山般的热情，但是还要有一颗比冰山还冰冷的心。

在这位将军看来，你有一颗比冰山还冰冷的心和火山般的热情，你才能为士兵提供非常可靠的依靠，拥有这样特征的人一定会成为好将军。在管理中，领导职能的发挥也是这样的：足够的严厉和充分的奖赏，让人们愿意把生命交付给你。而领导者也可以明确地告诉下属：你的生命一定是有可靠的依靠的。

个人魅力

具有相同权力的两个人，却有着完全不同的影响力，这种现象极为普遍，原因就在于二者的个人魅力不同。个人魅力取决于个人自身的修炼，也可以说是个人性格的外化。这方面并不是我的专长，我想从一个我可以把握的角度来做一些介绍，使我们在个人魅力的修炼上得到一些参考。这个角度就是从构成看，个人魅力有五大构成要素：外貌、类似性、好感回报、知识、能力。

1. 外貌

个人魅力的第一个构成要素是外貌，这是我们必须接受的事实。外貌上能产生影响力是众所周知的，外貌上吸引人的人总是会更容易获得支持和帮助。不过，有一个现象是，人们对女性的外貌要求高，对男性的外貌要求低。所以，我常常开玩笑说女人比男人难成功。

外貌没有客观评价标准，什么样的人长得好看，什么样的人长得难看，更多的是依据公众的评价。之所以强调这一点，就是想提醒大家，我们需要关注公众的评价。正因为要面对公众，所以不管你自己是如何想的，都需要非常认真地整理自己的仪表，给人认真、整洁的印象，否则就会导致个人魅力丧失。

2. 类似性

所谓类似性，就是和人群保持互相认同而不是与众不同。领导者需要融入群体，和群体保持一致，让人们觉得你是他们中的一员，和他们有着相似的背景和境遇，有着相互可以理解的认知，并且对环境有相近的认识，彼此没有什么分别。

很多管理者总是希望自己比身边人更聪明、有更准确的判断，能超越群体，能与众不同，能带领大家。但是，这样的理解是错的，因为只有认同才会产生影响力，真正的领导者都是融入群体获得认同的。如果一个管理者在任何场合下都是对的，那么这个管理者发挥领导职能的机会反而会减少，因为所有在他身边的人都感觉自己比他水平低，这种感觉会很难受，以致没有人愿意与他合作。

所以，管理者要提醒自己，不要努力去证明自己是正确的，而应该尽可能地帮助周围的人做出正确的判断和选择。当大家都正确的时候，影响力自然会产生，而这时管理者也会得到赞赏和爱戴。如果你追求的是自己的正确性，并且努力证明别人是错的，那么，虽然事实也许真的是你都对而别人都错，但最终的结果很可能是你被划成另类，这时你是无法得到认同的，也就无从获得影响力。

类似性对于形成个人魅力是极其重要的。如果不具备类似性，管理者就会无法和员工达成共识。随着社会变化的加剧，人们的价值取向越来越多元化，这时尤其需要管理者具有类似性，否则就不能有效地发挥员工的能力。有一家企业的人力资源总监曾经向我诉说过他遇到的一个难题：他很难招到合适的负责采购的经理，因为他发现现在的年轻人是用金钱来衡量工作的，而且工作并不是他们唯一的选择。在他们看来，事业上取得成效是一种成功，生活上的享受也是一种成功。这位 40 多岁的经理人告诉我，他无法和这些年轻人达成共识。我不能要求管理者改变自己的价值取向，但是我们都应该学会宽容和

接纳，基于宽容和接纳才能正确对待今天年轻员工的价值
选择。

3. 好感回报

好感回报是指管理者需要先付出，之后人们才会回报
你、追随你，使你获得领导力。在人与人的交往中，有一
个被普遍认同的规则，也叫黄金定律：你希望别人怎样对
你，你就要先怎样对别人。好感回报是一个有效地获得个
人魅力的途径。只要你愿意付出，就一定会获得认同，进
而产生影响力。领导者最重要的是给大家希望，让大家感
觉可依靠，如果领导者能够为此做出努力，人们自然会追
随。在 2008 年 5 月的汶川大地震中，因为中国政府即刻
付出，领导人亲临现场，中国民众表现出了令人惊叹的齐
心协力，汶川地区民众也表现出了前所未有的耐力和坚韧。
虽然这是人类历史上最大的创伤之一，但是，这种齐心协
力、耐力与坚韧，正彰显了中国政府的魅力。

4. 知识

知识的影响力已经渗透人们的生活。拥有知识能使人
具有魅力，进而具有影响力，科学家和专业人士所具有的
影响力就是有目共睹的。不过，作为个人魅力的构成要素，

知识有着自身的特点：它要求既有专业知识，同时也要有生活知识。简单地讲，就是能够将专业知识转化成生活知识，如果管理者具有这样的转化能力，他所拥有的知识就会提升他的个人魅力。因此，要想真正施加影响，就要将专业知识变成生活知识。

5. 能力

能力有很多种分类，在个人魅力的构成要素中，能力指的是认同力、网络力和办事力。也就是说，个人魅力体现在能力上是需要和群体互相认同，构成有效的人际关系网，并且能解决问题的。

其中，解决问题的能力尤为重要。如果管理者不能解决问题，就不可能具有个人魅力。这里特别要强调的是，管理者要"做能做之事"。之所以要特别强调这一点，是因为很多人喜欢办很多事，但是不能保证每件事都能办成，而这是极其错误的。如果你做了十件事，办成了八件，有两件没办成，那么，没有办成的两件事就会被人们记住，而成功的八件事则被人们淡忘。我常常听到很多管理者对我讲："这不公平，我给他们做了那么多的事，他们都不记得。我唯一没做到的他们反倒记得。"这恰恰是形象记忆的特点。

真正成熟的管理者知道把问题交给更合适的人来解决，而不是自己解决所有问题。不要急着自己去做事，而要让所有人都有机会去做事。这样，不仅别人可以把事情做成功，你也有精力把自己要做的事做好。管理者的个人魅力由此得以彰显。

领导者和管理者的差异

领导者和管理者都需要发挥领导职能，这常常导致领导者和管理者混淆自己的职能和认识，因此，我们需要对领导者和管理者进行专门探讨。

如前文所言，领导者是负责指挥、协调群体活动的责任人。领导者具有这样一些特征：影响他人做领导者要做的事；善用个人影响力；领导是一个影响他人的过程；不一定有正式的职称或职权；公私机构的管理者不一定是领导者；领导者必须具有远见与说服力。

对管理者的理解，我借用了彼得·德鲁克的定义：管理者本身的工作绩效依赖于许多人，而他必须对这些人的工作绩效负责。管理的主要工作是帮助同事（包括上司与下属）发挥长处，并避免用到他们的短处。管理者具有这样一些特征：具有一定的职称与职权；不一定需要有远见，可照章行事；优秀的管理者往往也是卓越的领导者。

领导者与管理者之间最大的差异体现在他们所承担的责任上：领导者承担的责任是让企业有明确的方向，能不断适应变化，为企业建立核心管理团队，也就是说，领导者真正的责任是确保组织成长。管理者却不同，他们通常只是对绩效负责，而产生绩效的关键因素是解决问题、保持稳定，以及制度和规范得以贯彻和执行，在这种情况下管理者就能获得绩效。

对两者的差异进行分析，是因为在日常管理中存在的现象是，领导者更关注绩效和当前，而管理者更关注成长和未来。可怕的是，绝大部分中国的管理者都在扮演领导者的角色。在很多公司做调研时，我发现中层管理者总是和我谈论公司管理层建设、战略以及变革的问题，却很少听到他们谈制度和规范的执行、遇到问题时的解决方案和行动。同样，在和领导者沟通时，他们也关注战略，但更多地关注绩效和执行力。领导者谈论得最多的话题竟然是管理者应该做的事，这是中国管理存在的一个大问题。

很多人对我说这是换位思考，但是，沟通需要换位思考，管理并不需要换位思考，而是需要做好本职工作。每个人都做好本职工作，对本职工作负责是非常关键的。

到底谁是领导者呢？在组织结构中，处于最高职位的就是领导者。从组织来看，只有一个人是领导者，绝大部分人都是管理者。但是，在一些小的组织中，管理者通常还会承担领导者的职责。对这类管理者来说，他们需要平衡两个角色：一个是作为下属服从于上司的管理者角色，另一个是带领下属的领导者角色。

杰克·韦尔奇（Jack Welch）在他的自传里写了这样一段话：

每一天，每一年，我总觉得花在人身上的时间不够。对我来说，人就是一切。我总是不断提醒我们的经理：不管是在哪一个级别上的人，都必须分享我对人的激情。今天，我在他们面前是"大人物"；他们回到公司后，在员工看来，他们就是事实上的"大人物"。他们必须把同样的活力、献身精神和责任心传递给员工，传递给那些远离杰克·韦尔奇的人们。对这些员工来说，杰克·韦尔奇可以说什么也不是。我的前妻卡罗琳总是提醒我——我曾经在这家公司工作了 10 年而不知道董事长是谁。我要求每一个

GE 经理都要记住的重要一条是：在其员工所关心的范围内，"他们就是 CEO"。

因此，作为部门层面的领导者、公司层面的管理者，你不仅需要具备实现绩效目标的能力，同时还需要具备在内部促进变革、建立好的管理团队、使部门的方向与公司的方向始终保持一致的能力。很多人以为变革和团队建设是公司高层管理者的任务，事实上，每一个管理者都需要为此做出努力，而且这些努力必须在自己的职责范围内。

领导技能

领导职能的发挥取决于管理者是否拥有领导技能。领导技能包括三方面内容（见图 4-1）。

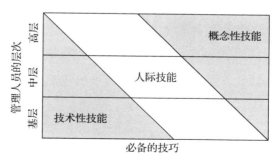

图 4-1　领导技能

　　一是人际技能。人际技能是指管理者与他人合作的能力，包括人际关系技能、组织技能以及解决冲突的技能。

　　二是概念性技能。概念性技能是指管理者能够明白整个机构的复杂性及本人的工作适合于机构内任何环节的能力，包括信息处理技能与制定决策技能。

　　三是技术性技能。技术性技能是指为执行特定任务而运用必需的知识、方法、技能和设备的能力，包括资源分配技能和其他具体的、与任务有关的技能。

　　从图 4-1 中，我们可以看到一些需要特别关注的东西。人际技能是所有管理者都需要等同拥有的，不管是基层管理者还是高层管理者，所以，领导技能的核心是与人合作的能力。对基层管理者来说，技术性技能的要求更多一些，也就是说，基层管理者需要具有使用工具、技术和设备的专业能力，并能够直接解决问题。对高层管理者来说，从复杂的事务中整理出清晰的思路和策略是关键，也就是说，高层管理者最关键的是"把复杂问题简单化"，要能把公司里所有复杂的东西变成最简单的东西，让所有人理解。

　　我曾经做过一段时间的总裁，并且取得了很好的成绩，所以，媒体经常问我一个问题："做总裁和做教授有什么区别?"我的回答非常简单:教授就是把一句话变成八句话说,把简单问题复杂化;做总裁则刚好相反,是把八句话变成一句话说,把复杂问题简单化。事实上,我也是这样做的。做教授需要不断地深入分析,找到事物背后的规律和机理,因而常常把简单问题展开,进行深入细致的分析,使其变得非常复杂;而总裁最重要的是获得绩效,这需要指令明确,可以操作,因而需要把复杂的问题尽可能地简单化,最好能直接操作。然而,现在很多管理者都变成了教授,因为参加了 EMBA 学习,了解了很多概念,掌握了很多知识,也学会了表达,这真令人担心。

所以,概念性技能是领导最重要的技能,如果管理者能够把复杂问题简单化,成员就可以有效地执行。其实,一个人能不能由基层上升到高层,就取决于他有没有概念性技能,能不能把复杂问题简单化。邓小平先生在概念能力上是超乎常人的,他把很多复杂的问题都简单化了。他让中国在"文革"之后发生了巨大的改变,在那样复杂的社会背景下,他提出了改革开放的概念,用"实践是检验真理的唯一标准",把所有的疑惑、怀疑和质疑都解决掉,把中国社会的复杂性归结到一个一致的概念里,取得了令世人瞩目的成就。

经典领导理论的应用理解

在 1940 年之前，领导理论主要关注的是领导者的个人特质，例如外貌、性格特征、进取心、领导愿望、诚实与正直、智慧和工作相关知识等。人们认为，具有某种特质的人一定是领导者，例如具有饱满的天庭和坚毅的下颌。但是，在 1940 年之后，人们通过研究发现，个人特质也许会产生一些影响，但是真正发挥作用的是领导者的行为。俄亥俄州立大学的研究认为，领导者的行为有两个维度，即定规维度和关怀维度；而密歇根大学的研究则从不同的角度来定义领导者行为的维度，即员工导向和生产导向。之后的研究开始关注领导者所面临的环境，因为人们发现，在不同环境下，领导的效果有很大的不同。沿着这个思路继续进行研究，就形成了最有影响力的权变理论。我们以弗雷德·E.菲德勒（Fred E. Fiedler）⊖的理论为例来做说明。

在管理实践中，关于什么样的领导方式更有效的讨论一直都存在。人们对于这个问题给出了各式各样的答案，

⊖ 弗雷德·E.菲德勒是美国当代著名心理学家和管理专家，他提出的"权变领导管理"开创了西方领导学理论的一个新阶段，使以往盛行的领导形态学理论研究转向了领导动态学研究的新轨道。他被西方管理学界称为"权变管理的创始人"。

但更多的讨论不是关于领导理论本身，而是很多人认为现实管理中通常是多种方式一起发生作用。我认同这种观点，但我也知道，让一个管理者具有多种领导方式是非常困难的，因此，我们需要换个角度来认识领导理论。

弗雷德·E.菲德勒提出了领导方式取决于环境条件的著名论断。他认为领导效果完全取决于环境条件是否有利。简单来讲，在环境条件非常有利或者非常不利的情况下，工作导向型的领导者容易取得成效；在环境条件中等有利的情况下，员工导向型的领导者容易取得成效。领导效果取决于环境条件，而影响环境条件的根本因素有三个。

第一，领导者与成员的关系。这是指下属对其领导者的信任、喜爱、忠诚和愿意追随的程度，以及领导者对下属的吸引力。通俗地说，就是上下级之间的关系。这是最重要的影响因素，起决定性的作用。

第二，职位权力。职位权力即领导者所任职位固有的权力，具体来说，指的是其所任职位赋予的权力和权威，包括从上级和整个组织中所得到的支持，对雇用、解雇、晋升和增加工资的影响等。这是由领导者对其下属的实际权力决定的。假定一位部门经理有权聘用或开除本部门的员工，那么，他在这个部门中的地位就比上级经理还要高，权力也会更大，因为上级经理一般并不直接聘用或开除一个部门的员工。

第三，任务的具体化程度。任务的具体化程度即下属担任的工作任务的明确程度，如下属对要完成的任务是否有清晰的了解，有无含混不清之处，是否明确他所承担的任务的上下所属关系，任务的规范和程序化程度如何等。

菲德勒还认为，改变领导风格比改变环境条件要困难得多。这个启示我觉得更具有现实意义，因为我们很多人都期望自己的上司是一个平易近人的人，是一个通情达理的人，是一个雷厉风行的人。但是，实际情况是上司的风格很难与我们期望的领导者风格一致。在大多数情况下，上司是具有明显风格特性的人，于是，下属常常因此感到失望，甚至抱怨自己运气不够好，没能遇到一个与自己的期望相一致的领导者。如果你也是这样想的，那么你就错了。菲德勒明确地告诉我们，领导风格是很难改变的，这是一个基本的事实。当然，即使是这样，你仍然可以取得成效，因为你可以调整环境条件，比如主动调整自己与领导者的关系，做领导者的支持者或追随者，同时，明确自己的工作任务，这样就能让环境条件适合领导者的风格。

每个人都需要明确自己所处的环境条件，特别是上下级关系。如果上下级关系非常融洽或者非常不融洽，领导者就需要以工作任务为中心，这个时候领导成效高。在这种情况下，下属也应该以任务为中心，而不需要在调整与上司的关系上花心思。如果上下级的关系状况是中等，那么领导者就需要以关心员工为中心，这个时候领导成效高。所以，关键在于调整上下级的关系以适合领导者的风格。

没有什么固定的最优领导方式，任何领导方式都可能有效，其有效性完全取决于与所处的环境是否相适应。领导者应根据自身的个性及面临的不同的组织环境，采取不同的领导方式。适用于任何环境的"独一无二"的最佳领导风格是不存在的，某种领导风格只能在一定的环境中才能获得最好的效果。

所以，不要简单地寄希望于领导者做出改变，事实上，他们是很难做出改变的。菲德勒的理论给了我们一个很好的建议，就是要尊重领导者的风格，尝试调整环境条件。

怎样才是有效领导

怎么才是有效领导呢？关于这个问题，我有两个观点，下面我们一一讲述。

没有不好的士兵，只有不好的将军

作为上司，选择什么样的领导行为才是合适的呢？

赫 – 布理论⊖从管理者如何针对员工的不同特征从而获得领导效果的角度展开研究，它告诉我们，没有不好的员工，只有不好的管理者。如果管理者能够运用不同的领导风格，那么无论面对的是何种任务成熟度的员工，都能获得有效的结果。

基于赫 – 布理论，并结合我从新加坡国立大学的课程中得到的启发，我从实践的角度重新做了划分和表述，根据员工的任务成熟度来划分员工（见图 4-2），再根据这个划分选择不同的领导风格（见图 4-3）。

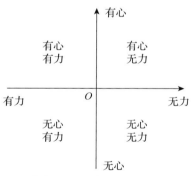

图 4-2　根据员工的任务成熟度划分员工

⊖　赫 – 布理论，即赫塞 – 布兰查德（P. Hersey and K. H. Blanchard）理论，其结论是领导果的发挥取决于下属的任务成熟度。任务成熟度反映下属完成某一任务的能力与动机，即下属是否具有完成任务所必需的知识与技能，以及自信心与热忱。

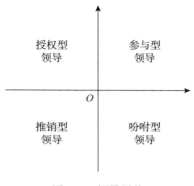

图 4-3　领导风格

在图 4-2 和图 4-3 中，有心有力的员工是指那些既热爱公司又有能力的员工，对于这类员工，管理者应该采用授权型领导风格，对他们的信任给予支持和资源，就可以取得好的领导效果。

有心无力的员工是指那些热爱公司但是能力不足的员工，对于这类员工，选择参与型领导风格是比较合适的。管理者可以与这类员工一起努力，解决问题并提升他们的能力。

无心有力的员工是指那些并不热爱公司但是非常有能力的员工，对于这类员工，管理者需要做的是提升他们对公司的认同感，使他们主动发挥自己的能力，因此，应该采用推销型领导风格。管理者要不断地与他们沟通，并向他们推销公司的理念和战略，使他们和公司达成共识。

　　而无心无力的员工则要求管理者像家长一样，不断地跟踪，每一个细节的安排和规定都要给予他们清晰的指引，传、帮、带结合，让这些员工也能发挥作用并尽快地成长起来。一旦员工成长起来，前面的悉心培养就会变得值得。

　　当然，可能有人会说这样对待无心无力的员工会增加成本。的确，对于这类员工，裁员也许是最简单有效的方式，但是，这不是我们此时讨论的前提条件。这个理论想告诉我们的是，在选择裁员之前，领导者需要再做出一些努力，去改变和提升员工的整体水平。调整和培养无心无力的员工会增加成本，但是，请大家一定要理解，这里所说的四种情形是一种分布。如果把眼下无心无力的员工裁掉了，那么，那些有心有力的员工中就会有一部分落入无心无力的员工的分布中，只是员工的整体水平提高了。另外，现实中，有心有力的员工可能正是因为接受过前面的培育才变得有心有力的。

　　因此，不同于菲德勒的领导理论，赫－布理论对领导者提出了更高的要求，要求他们更加灵活，投入更多精力，对处于不同任务成熟度阶段的员工采取不同的策略，而对于打算要培养的员工，要付出相应的投入，让其从无心无

力到有心有力，从不成熟成长到成熟，做出任务绩效，进
而产生领导的效果。让本不能胜任的人变得胜任，也体现
出了领导者的领导水平。

无心无力的员工常常会在两种人群中产生：一种是刚
入职不久的新员工，另一种是在公司服务时间较长的老员
工。新员工的能力还不足，而且还没有完全了解公司的理
念和价值追求，不能很好地理解公司的战略，因而不能和
公司达成共识。而老员工因为在公司里待的时间较长，他
们所拥有的能力可能已经无法跟上公司发展的步伐，加上
他们认为自己对公司做出了很多贡献，公司需要爱护和珍
惜他们，因而不再具有激情。因此，我不主张根据员工在
公司的服务时间来认识员工，而是认为要看员工的任务成
熟度。同样，我也提醒领导者，不要轻易地把重要的任务
交给老员工，不要认为他们是老员工就做授权型领导，也
许他们已经是无心无力的员工了。

不管是什么样的员工，工作绩效都取决于领导者的管
理水平，而不是员工的水平。员工可以是不同状态的，甚
至是无心无力的，但是，如果领导者能采取不同的策略来
对待员工，即使是无心无力的员工也能取得好的工作绩效。
所以，没有不好的士兵，只有不好的将军。如果结果不好，

你不能怪士兵不好，因为那是将军的水平不够。将军水平够的话，就算是无心无力的士兵也可以战无不胜。

我认为，这个理论非常好地解决了一个问题，就是说明了在管理中真正发挥作用的是领导者，而不是员工。员工的作用是由领导者来决定的，企业一定要关心管理团队的创造和培养。只要他们是有水平的，员工就能发挥作用。

找到途径满足需求，目标就会达成

依据上面的理论，我们还是会感觉有些困难，因为它对管理者的要求太高。事实上，管理者也不可能做到同时拥有四种不同的工作风格，大部分管理者最多擅长运用其中一种或者两种。罗伯特·豪斯（R. J. House）的途径－目标理论^一很好地解决了这个问题。

途径－目标理论不再强调管理者如何修炼自己领导风格。管理者可以是武断型领导风格，也可以是温和型领导风格；可以是授权型领导风格，也可以是吩咐型领导风格。

○ 罗伯特·豪斯的途径－目标理论同以往的各种领导理论的最大区别在于，它立足于部下，而不是立足于领导者。在豪斯眼里，领导者的基本任务就是发挥部下的作用，而要发挥部下的作用，就是帮助部下设定目标，把握目标的价值，支持并帮助部下实现目标，在实现目标的过程中提高部下的能力，使部下得到满足。

总之，领导风格不重要，重要的是能够让公司的员工找到实现目标的途径，并因此得到满足感和良好的工作成绩。途径－目标理论认为领导的作用在于促进努力和绩效，以及绩效和报酬之间的联系，从而达到满足成员需求、激发员工工作动机、提升员工满意度、提高工作绩效的目的。

　　途径－目标理论涉及领导效果、权变因素、领导者行为多个方面，在此，我们主要对领导者行为进行讨论。如图 4-4 所示，我们可以知道，对管理者而言，可供选择的领导行为有四种。第一种是指导型行为，即让下属明白上司期望他们做什么，并对下属如何完成具体任务给予具体指导，协助制定详细的工作日程表。第二种是支持型行为，指的是和下属建立友好信任的关系，关心员工的需求、福利和事业发展。第三种是参与型行为，指遇到问题征询下属的意见和建议，允许下属参与决策。第四种是成就导向型行为，指的是为下属设置有挑战性的目标，期望并相信下属会尽力完成这些目标，从而大幅提高绩效水平。

　　领导行为的选择主要考虑下属的特征和工作环境，管理者的主要作用是为下属提供支持和帮助，清除实现目标过程中的各种障碍。因此，管理者的具体任务是识别每一位下属的个人目标，了解他们的需求、愿望和能力，同时也要知道他们所承担的工作任务的特征。在此基础上，管理者需要建立薪酬体系，使个人目标和组织绩效挂钩，以获得满意的绩效水平。

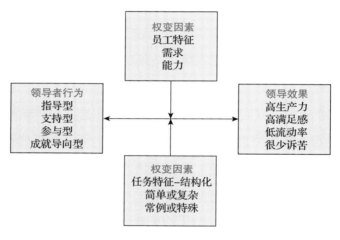

图 4-4 途径－目标理论

1. 选择的途径要和员工需求及他们所承担任务的特征保持一致

最为关键的是，选择的途径要和员工需求及他们所承担任务的特征保持一致，并在这一基础上再去设计薪酬体系。高等学校的管理方式值得借鉴。学校所拥有的人才都是优秀的，至少在知识储备方面非常优秀，在相应的研究领域有所作为。对于这种高水平的人力资源，学校不需要支付非常高的人力成本，而且所有的教员都是自我管理，并能实现学校的目标，学校也因此获得工作绩效。其实，学校采用的就是适合教师特征的途径，虽然不能说这样就很好，但至少是有效的。

在高等学校里教书的教师具有两个最明显的特征：第一，他们读了很多书，有自己的研究心得和收获，所以需要有表达的机会；第二，正是因为有自己独到的研究心得和收获，所以教师最不希望有人来约束他们。因此，学校采用了自由工作时间的管理办法，同时给所有教师设计教学平台，让他们有表达自己想法的渠道。在这之后，学校又采用了诞生于组织目标的职称评定体系，由它来决定教师的自主程度和讲台的"大小"，于是，所有教师都朝着职称的晋升方向努力，而这个方向正是组织的目标。所以，学校不需要进行古板的管理，也不需要动用复杂的薪资结构，因为一旦获得教授的头衔，教师就有了极高的满足感，而学校也获得了极高的绩效水平。

由此可见，途径－目标理论是非常符合今天的管理环境的领导理论。因为员工的需求特征逐渐成为重要的影响因素，管理者需要做的就是找到员工的需求特征。也正因为如此，管理者需要做些调整。如果管理者还是根据自己的经验来理解今天员工的需求特征，那么会大错特错。每个时代的管理者都会面对"新生代员工"的挑战，这些挑战来自彼此价值观的差异、行为模式的差异、知识结构的差异等。管理者与新生代员工之间的诸多不同，要求管理者必须克服自身经验的习惯性影响。

社会学家卡尔·曼海姆（Karl Mannheim）对"代际问题"的本质进行了专门研究。他认为，并不是每一代人都能产生独特的、影响世界的模式。我们常说的年代，如几十年一代，这属于生物因素，还有影响每一代价值创造的非生物因素，即社会和文化。所以，全新一代是隔一年、三十年还是一百年才出现，是否存在一个固定的节奏，实际上是由社会和文化决定的。从这个角度来说，在环境、技术使人们的价值观、行为模式等发生根本变化的背景下，新生代将会是具有标志性意义的一代，其呈现出的是新一代年轻人的特征。而代际更替的自然事实是，一定会有年轻人不断出现，与此同时，曾经的年轻人会不断退出年轻人的行列。⊖

⊖ 曼海姆. 卡尔·曼海姆精粹 [M]. 徐彬，译. 南京：南京大学出版社，2002.

因此，新一代年轻人具有与以往年代的人截然不同的特征，这要求我们明确地告诉他们什么该做、什么不该做。管理者不要以为他们自己能够弄清楚，不明确的价值判断就是年轻人的需求特征之一，管理者需要有能力和方法来满足这些需求特征，这样才能取得绩效。这对每一位管理者都是一个很大的挑战。

2. 有能力的员工需要尊重和授权

同样的情况是，对于有能力的员工，管理者也需要很好地了解他们的需求特征，选择合适的途径和工具，让他们创造出更高的绩效。在有能力的员工的需求特征中，管理者需要特别关心什么呢？我建议大家特别关心两个方面。第一个方面是尊重，这非常重要，几乎所有有能力的员工都需要更加明确的尊重，都渴望自己的建议被倾听并获得运用。第二个方面是要给予相应的授权。有能力的员工常常用被授予的权力的大小来判断自己的价值，所以，他们对权力看得很重。如果管理者能尊重有能力的员工并授权给他们，他们就会创造出更好的绩效，同时也使自身获得很强的满足感。

如何对职业经理人进行管理

从领导理论的角度来看，对职业经理人有两种管理方式。第一种管理方式是根据业绩给予合理的报酬。聘请职业经理人，一定要在物质报酬的给付方面非常明确，通过保障职业经理人的利益可以实现管理的效果。

给予职业经理人的物质报酬具有四个特征：第一，能使职业经理人和老板之间达成共识和协议；第二，能达到职业经理人内心的标准；第三，与职业经理人所取得的绩效挂钩；第四，能满足与职业经理人切身利益密切相关的需求，比如，是否应该给职业经理人配车？这就要看车是不是与职业经理人非常重要的切身利益相关。老板要判断一下，是为职业经理人提供购车款项，还是直接提供汽车。

另一种对职业经理人的管理方式是例外管理。我们在前文中提到过例外管理，但领导理论中的例外管理与管理学中的含义有所不同，指的是在日常工作中，如果职业经理人达到了如常的绩效目标，就不要干扰他的工作；如果出现超越绩效目标的情况，就需要直接干预。

所谓的如常的绩效目标是指什么？在不同的公司里，

如常的绩效目标也许会有些差异，但是最基本的两个目标是一致的：一个是业绩目标，另一个是费用预算。在费用预算和业绩目标之间，职业经理人可以按照自己的设计来工作，在这个空间里面，他想做什么就做什么，得到充分的授权和信任。但是，一旦超出业绩目标和费用预算的范围，老板就要管了，这就叫例外管理。

合理的、和绩效挂钩的物质报酬与有效的例外管理结合起来，就是对职业经理人的管理方式。

对职业经理人的管理也会遇到一些困难。在物质报酬方面，可能会出现不兑现、不承诺的情况，甚至进行到一半的时候，老板觉得不对了，需要改变物质报酬。在这种情况下，除非这个经理人离职了，如果他不离职，公司的工作肯定会出问题。因为承诺给经理人的没给，这个经理人就会想办法，他要想办法，一定比你的办法多。在例外管理方面，可能会由于没有较为合理的预算以及明确的业绩目标而无法取得好的效果。职业经理人为什么管不好？大部分情况是因为预算做得不够好。所以，如果要聘用职业经理人，一定要做好预算。如果预算做不好，老板就会常常不放心，就会对职业经理人进行过多的干扰，这样是无法获得好的管理效果的。

如何对核心人才进行管理

对每家公司来说，核心人才都是至关重要的资源，发挥核心人才的作用是领导者必须承担的责任。

对于经理人和人力资本是如何登上历史舞台的，经济学从产权理论的角度进行了解释。在西方社会，一部分劳动者最初是没有所有权的，后来，作为对他们的激励，他们才被赋予了所有权。因为管理能力可以提升劳动生产率，现代企业组织对管理能力的需求日益增强，管理能力开始逐渐独立成为一种资本，这使得现代企业不能只拥有所有权。

1933 年，阿道夫·伯利（Adolf Berle）和加德纳·米恩斯（Gardiner Means）观察到，在 200 家美国最大的非金融公司里，经理人已经在公司股权分散的条件下控制了这些公司的大部分资产。这被称为美国企业制度史上的"经理革命"，这场革命造就了一种"与所有权分离的经济权势"，推动了所有权与经营权的分离。

"伯利 – 米恩斯假说"在 50 年后的 1983 年被乔治·斯蒂格勒（George Stigler）和米尔顿·弗里德曼（Milton Friedman）进一步修正。他们认为，确切地说，股份公司

并非所有权和经营权分离的公司，而是在财务资本与管理
知识资本这两种资本及其所有权之间订立了合约的公司。
这推动了现代企业中人力资本地位的上升和财务资本地位
的相对下降，促使管理能力和专业技能作为独立交易的人
力资本进入企业合约。这也让企业合约演变为人力资本和
非人力资本的合约，从而让人力资本这种独特的产权形式
占据了以往任何时代都不曾有的重要地位。[○]

在人力资本登上现代企业的舞台之后，领导理论需要
解决一个非常有意思的问题，就是如何管理职业经理人和
核心人才。对于职业经理人的管理，我们在上一节已经进
行了阐述，下面来看看核心人才的管理方式。

对核心人才的管理需要从以下三个方面入手。

发挥领袖的影响力

核心人才需要的是施加影响力而非管理，而有影响力
正是领袖的特征。领导者在面对核心人才的时候，需要释
放领袖的魅力。也就是说，领导者要和核心人才在价值观
和使命上达成认同，而不是上下级关系的认同。这要求领

○ 周其仁.产权与制度变迁：中国改革的经验研究 [M]. 北京：社会科
学文献出版社，2002.

导者与核心人才沟通价值观和使命，而不是只沟通工作内容。如果领导者只是和核心人才沟通工作内容，取得的效果就不会好，为什么？因为对方是核心人才，他的专业能力或者管理能力可能比领导者强，而且他天天在做事情，领导者的意见或者建议不见得对他有帮助。我们要思考，为什么核心人才会接受领导者的影响呢？根本原因是他和领导者能在价值观和使命上形成认同。对于核心人才来说，这才是真正重要的东西。

我曾经做过一段时间的总裁，当时我应该算得上是公司的核心人才。其实我之所以愿意空降到这个公司做总裁，是被这个公司的理念和价值观所吸引。公司的创始人有非常明确的价值判断，而且我非常认同他的很多价值取向。他有一句话我一直记在笔记本上："凡事往好处想，往好处做，必会得到好结果。"这句话说得非常好。后来我去体验和践行这句话的时候，发现真的是这样。他还有一个理论叫作"馒头理论"：当你有 1 个馒头时，你一定要给自己吃，不要给别人，你得先让自己活得很好。当你有 10 个馒头时，你要给全家人吃，让全家人活得很好。当你有 1000 个馒头时，你一定要给所有人吃。如果把 10 个和 1000 个馒头都留给自己，你肯定会被撑死。对于这些理念和价值观，我都很认同，后来我们一起创造了良好的绩效。

关心个人

对于核心人才，领导者需要把他们当成独立的个体来认知，关注他们的个人需求和成长，这样才能处理好与他们的关系。很多领导者没有做好这一点，对核心人才没有真切的关心，这会导致他们很难达成核心人才个人目标与组织目标的一致，甚至使这些人才背离组织目标，而不得不面对更困难的管理问题。

在管理实践中，对下属没有真切的个体认知，会导致管理者只是对组织的标准和目标有清晰的理解，对个人的标准和目标却理解得不够。尤其是企业的人力资源部门，他们往往更多地关注组织绩效和个人行为的关系，却很少关注组织绩效与个人目标的关系，以致组织目标凌驾于个人目标之上。如果个人目标和组织目标没有冲突，当然没有什么问题，但是，一旦个人目标和组织目标有差异，管理者很可能会忽略核心人才个人目标的满足，从而导致核心人才流失。

因此，领导者需要关注每一位核心人才的个人需求，而不是人们的共性需求。实践也告诉我们，被称为核心人才的这些员工通常具有自我实现目标的能力，也具有多种需求而不是单一的需求，这就更加要求领导者理解其个性而非共性需求。

心智激励

人的心智决定了行为的选择，决定了人们在做决策前的逻辑判断习惯。心智不同，会直接导致结果不同。因此，对核心人才而言，进行心智激励是必需的选择。

根据我的观察，很多人在心智上有两个先天缺陷。一是不能接受身边的人比自己好。俗语说，"住在隔壁的诗人不是诗人"，因为你看到他和你遵循一样的作息，去一样的商店购物，甚至生活得一塌糊涂，就觉得他的诗没什么特别。而当我们不和诗人住在一个单元里，不知道他到底是什么样的时候，反而会觉得他的诗美得不得了。我们能接受其他人比我们好，却不能接受身边的人比我们好，这是非常糟糕的心智。因为与我们合作的人通常正是我们身边的人，如果我们不能接受身边的人比我们好，我们就失去了能合作的人。

二是"枪打出头鸟"。当一个人特别优秀的时候，他身边的人通常不是聚在一起商量如何向他学习，而是商量如何用有效的方法把他变得和大多数人一样不再优秀，因为大家看不得"出头鸟"。这是特别可怕的心智，因为这样的心智会导致人们对先进者不欣赏、不宽容，甚至让优秀的人只能选择平庸。

在目前激烈的竞争环境中，心智激励越来越重要。这是因为，人们在竞争中本就会感受到沉重的压力和心态上的冲击，而资源和环境的严酷性又可能导致人们急功近利甚至不择手段，如果不能在心智激励上做出努力，就有可能会使具有专业能力的人无法获得团队的支持，甚至被孤立。对核心人才进行心智激励，帮助他们调整自己的心智，学会欣赏身边的人，向先进者学习，是极其重要的。

如何让授权有效

在我做的"管理者是否做到授权"的测试中，大多数人都选择了"经常充分授权"，没有人选择"无法授权"。这说明，在管理中，授权已经成为人们的共识。但是，我们还需要了解为什么一定要授权，以及如何保证授权的有效性。

为什么一定要授权？很多人会回答，因为授权可以让上司腾出时间来做自己要做的事情，可以让下属真正成长起来，可以充分发挥人们的积极性。的确，这就是授权的好处。简单来讲，授权最大的好处是可以培养人，没有授权是无法真正培养人的，因为只有承担了责任，人才会成长起来。我一直反对仅仅通过职位培养人，因为即使给了职位，如果这个职位没有明确的责任和授权，那么这个职位上的人还是无法成长起来。要使人真正成长起来，最好的办法就是分配责任，对他进行授权。

然而，很多管理者经历过授权的痛苦，最常见的情况是授权无法达成目标，甚至授权之后出现失控的现象。有些管理者告诉我，他们不做充分授权，只是偶尔授权。在这些人看来，不能充分授权的原因是下属不能承担、能力不够或者品行不够。这些观点很普遍，我也认同，因为当下属的成熟度不够却对他们进行了充分授权时，结果是可想而知的。

尽管如此，我们也不能放弃授权，放弃授权就意味着放弃对人的培养，这对于解决问题没有任何意义。实际上，问题的关键不在于下属是否成熟，而在于我们如何进行授权。

关于授权，有一点非常关键，即目标设定不能授权。

也就是说，在授权时，你可以将资源的运用、方法的选择以及实现手段的安排都交给下属，但唯独不能把目标设定的权力交出去。如果把目标设定权也授予出去，就会导致目标无法实现，自然会出现失控的情况。在日常管理中，很多管理者常常在这一点上犯错误；他们往往把资源、人事以及工作方式的选择权看得很重，却把目标设定权看得很轻，觉得目标需要下属根据实际情况来确定。当这样授权的时候，目标就无法成为组织管理的目标，而是变成了下属和组织寻求资源的理由。一旦形成这样的状态，管理就无法达成目标，很多人认为授权会出问题，其实问题就出在这里。

为了保证授权的有效性，我们还需要注意五种情况：第一，机构越大越要授权；第二，任务和决策越重要，越不能授权，因为你要对重大事项的决策后果承担责任；第三，任务越复杂越要授权，因为需要借助专业性或与更多个体一起来完成；第四，下属之间互相不信任，不能授权，也就是说，当企业的文化不够好，大家互不信任、彼此拆台，投机分子很多时，一定不能授权；第五，下属的责任心不够，不能授权。

向上管理

管理的对象是谁？这一直都是一个看似明确又非常不明确的问题。当面对具体的管理问题时，很多管理者都无法确定，他们和上下级之间的正确关系应该是什么样的。很多管理者认为他们必须对上司负责，同时需要管理好下属。这种管理逻辑非常普遍，几乎没有人怀疑它有问题，但实际上，这种逻辑是有问题的。

我们大部分人对于管理的思维定式是：向下管理，向上负责。这种思维定式导致管理者的社会义务和管理者责任之间出现了冲突。管理者首先应该获得结果成效，带领企业贡献好的产品并取得绩效，这是管理者的社会义务。同时，管理者必须确保组织资源的有效利用，对员工的工作结果负责，对员工获得工作成效负责，这是管理者的责任之一。如果管理者向下管理而不是向下负责，就无法协调社会义务与管理者责任之间的关系，更不知道什么样的反应才是正确的反应，以及管理者应该对谁负责。

当我们逻辑混乱的时候，行为选择也会混乱。当下属和上司发生冲突时，我们需要做什么？如果下属没有达到绩效要求，我们应该如何行动？遇到不合适的下属，或者不适应的上司时，我们又该怎么办？当遇到这些问题时，我们往往不知道应该做出什么样的行为选择。

如何管理自己的老板

对于经理人员如何取得成效，德鲁克曾得出结论，"上司对于经理人员的业绩和能否成功起着关键作用，其重要性无人能及"，"管理上司是下属经理的一项责任，同时也是下属经理取得工作成效的一个关键因素——也许是最重要的一个因素"。⊖ 从这个角度来说，要真正取得管理成效，管理者的管理对象其实只有一个人，就是直接上司。因为管理需要资源，而资源的分配权力在上司手中，这是由管理的特性决定的。因此，当我们从事管理工作的时候，需要做的就是获得资源，这要求我们对上司进行管理。

向上管理的核心是有意识地配合上司取得工作成效，建立并培养良好的工作关系。好的工作关系是由五个方面组成的，这五个方面缺一不可。

1. 和谐的工作方式

和谐的工作方式要求采用双方都可以接受的形式处理

⊖ 德鲁克 . 管理未来 [M]. 李亚，邓宏图，王璐，等译 . 北京：机械工业出版社，2019.

问题、交流看法并明确各自的职责。这种上下级关系类似团队中各个角色之间的关系。每个人的角色都是不可替代的，每个人更关心和注重的是荣誉而不是权力，是责任而不是地位，是互补性而不是彼此的差异。

2. 相互期盼

在与上司的配合中，重要的是能够经常沟通双方的期望，并通过不断提升期望来提升各自的能力。一旦形成这样的状态，双方都会发现对方是一个最好的参照物，会不自觉地提升自己的期望，使彼此都逐步上升到一个新的高度。

3. 信息流动

对组织管理而言，最困难的是保持信息有效流动。管理不好组织信息是组织失控的根本原因。组织信息的正式传递、过滤、发布、沟通方式、形成与控制等都是由一个要素贯通的，这个要素就是你与你的上司之间的信息流动。所以，一定不要借助第三者来进行信息的传播，更不要对信息有所保留，这些做法都会影响信息流动。

4. 诚实与可靠

你与你的上司之间的关系应该是诚实与可靠的。记住，在向上管理中，你和你的上司不是管理与被管理的关系，而是配合和协助的关系，是相互依赖的关系。做下属的永远不要让上司觉得难堪，要在事前警告他、保护他以免他在公众前受到屈辱。永远不要低估上司，因为高估没有风险，低估却可能会引起反感甚至报复。正如德鲁克所说，"绝不要轻视自己的上司！可能上司看上去很无知或者很愚蠢——而且有时候他们实际上就是这样。但是，高估上司是没风险的，这样做最坏也不过是让上司觉得你在阿谀奉承而已。但是，如果你轻视上司的话，他要么会看穿你的想法并伺机报复，要么会把你强加给他的'弱智或无知'加到你身上，同时把你看作无知、愚蠢和缺乏想象力的人。"①除此之外，下属还不要对上司进行隐瞒。我们之所以提出这些要求，就是帮助你在你和你的上司之间形成诚实与可靠的关系。

5. 合理利用时间与资源

对你而言，上司的时间和资源是你要争取的东西。时间的意义在于可以让信息流动顺畅，可以让彼此感受到各自的期盼，它最大的作用是能带来机会，一个可以信任的

---

① 德鲁克. 管理未来 [M]. 李亚、邓宏图，王璐，等译. 北京：机械工业出版社，2019.

机会。上司的资源最直接的功效是为你的工作提供帮助，每个上司都希望他能够为公司发挥作用，很多时候我们忽略了这一点。很多管理人员得意于独自解决问题，自豪于独立完成任务，但是，他们没有想到，也许借力会达到更好的效果。

向上管理，简单地说，就是迎合上司的长处，尽量避开上司的短处，要不断自问："我或我的下属怎样做才能使上司的工作更顺利？"

向上管理的技巧和应注意的问题

1. 利用上司的时间和资源

利用上司的时间很重要。很多人不愿意和上司保持持续沟通，认为只要自己把事情做好就可以了，这是错误的观点。因为如果你不能和上司保持沟通，就无法达成彼此的理解和认同。很多经理人告诉我"领导经常变化，跟不上"，因此认为领导不对。我可以很明确地告诉大家，领导就是要促进变化，所以他一定会变。你为什么会接受不了他的变化？是因为你跟他沟通得少，你不知道他是怎么想的，为什么会变。如果你能与上司保持沟通，能利用上司的时间，你就会知道他的每一个变化，也就能很好地适应他的变化了。

上司的资源一定比下属的资源多，所以，下属还要学会利用上司的资源，这些资源可以让下属更容易地获得绩效。

2. 保持正式的沟通

上下级之间的关系一定要保持在工作关系状态，而不要保持在非工作关系状态。工作关系状态就是通过正式的方式进行工作沟通，如会议、面谈、工作情况的探讨、报告以及文件交流，等等。非工作关系状态就是通过非正式的方式进行情感沟通，最典型的情形是进行工作时间之外的交流。很多人认为在工作时间之外和上司沟通和交流情感，与上司保持亲密的关系是一件非常重要的事情，这是错的。你和上司最好的沟通方式是正式沟通，是在工作时间内探讨问题、交换意见，以获得指令及指引，获得支持和帮助。不要在与上司进行工作时间之外的交流上投入太多的时间和精力，虽然这样可以拉近你和上司的情感关系，但是这对工作而言并不是一个好的选择。

3. 发挥上司的长处

上司的长处如果被发挥出来，对你的工作一定会有极大的帮助。因此，下属需要了解上司的长处是什么，以及如何配合上司把长处发挥出来。有些人会遇到这样的困难，就是上司的长处和自己的长处是一致的，这是很尴尬的情况。但是，请记住，我们探讨的根本问题是如何发挥上司的长处。我们的长处是需要上司来了解而不是我们自己来了解的，因此，你只需要记住上司的长处就好了。当然，最好的状态是上司的长处与你的长处刚好互补。

4. 欣赏与信任

管理是一个讲究实效的工作。对工作效果的实现来说，上司的支持和指引对下属来说是非常重要的，而要获得上司的支持，下属对上司的尊重和维护就显得尤为重要。一定要真正理解和欣赏你的上司，我有很多年轻的学生不懂得这一点，他们总是觉得自己比上司水平高，读书多、知识多、英语好、计算机水平高。遇到这种情况，我会告诉他们，相比于能力，一个人可以承担更大的责任是更重要的，能力可以帮助我们承担责任，但是，能力之上还有一个更重要的因素，就是信任。从获得信任的层面上讲，你的上司一定是超过你的。正是因为他们能够获得信任，所以虽然他们也许在能力上不如你，但是仍然得到了更高的职位。

　　领导并不是特指领导者，而是一种职能。领导职能就是把人用好，让每个人都能做领导者希望他们做的事情。为此，领导者需要塑造自身的影响力，掌握相应的领导技能，把握授权的分寸和火候，并且要利用好环境，让自身的领导风格与环境融为一体，同时要善于洞察个体的特征与需求，以灵活的方式与处于不同成长阶段的人相处，从而集合起组织全员的力量。当领导者如此发挥他的领导职能时，就为组织培育了强有力的文化，进而让组织目标得以实现，打造出组织的竞争力，同时也让个体得到了成长，让个体的需求得到了满足。

　　把人用好，既要把职业经理人和核心人才用好，也要把上司用好。这时，管理者也是在发挥领导职能，其中同样蕴含了对人的洞察和关怀。因此，管理者需要了解领导职能如何发挥，需要了解人与组织的关系，需要关注下属的成长。为此，管理者一定要对人性、社会等有足够的认识，比如，要知道今天的年轻人关心什么，人性中最合理的需求是什么，人们普遍的行为规范是什么。从这个角度来讲，领导理论是艺术与科学的结合，而实践是更为重要的环节。

领导者要善用环境

中国古代有两个领导者总是让我非常感慨，一个是项羽，一个是刘邦。我非常喜欢项羽，他是盖世英雄、力拔山河的壮士，对朋友、对女人、对士兵都倾情以待，但是，他最终的结局是无颜见江东父老，霸王别姬，楚汉相争，江山拱手相让。而刘邦是什么人？大家都知道他的底细，但是，无数将相良才都投靠在他的麾下。最终，曾经并无大志的他在萧何、韩信、张良等重要谋士的辅佐下，成就了霸业。在楚汉相争的决战中，刘邦的汉兵高唱楚歌，燃起了楚兵们的思乡之情，背井离乡的士兵们开始向往和平，他们放下了手中的兵器，头也不回地返回了家乡。在空荡荡的军营里，项羽感叹自己力拔山河，却落到如此田地，对他不离不弃的虞姬将最后的生命定格在最美的画面中。

对领导者而言，最重要的并不是你本人拥有什么样的天赋、能力，而是能够利用环境。很多人在意自己的教育背景、信仰、个人风格、职业经历等，这些固然重要，但是相对于对环境的利用而言，这些就不是那么重要了。因为你再有能力，如果不能集合智慧、顺势而为，也不可能做出成就来。环境就像水一样，水能载舟，亦能覆舟。相对于你个人的能力而言，善于利用环境更重要。

领导者要有能力营造有利于自己的环境，也就是要能利用环境。这个道理好像很简单，但是日常管理中很多管理者却经常犯错误。比如，一个新上任的管理者想改变环境，于是就开始"新官上任三把火"。这种做法是错误的，新官上任，最重要的是融入环境、认识环境并利用环境，而不是改变环境。环境其实无法改变，只能利用。就算你一定要改革，也必须获得原有环境中一部分人的认同，才能够取得效果。也许有人会说，之所以请你来做"新官"，就是因为原来的管理出了问题。我不反对这样的看法，但是，目前的关键并不是修正原有的环境，而是获得管理成效。利用环境可以达成管理成效，改变环境则需要付出额外的毅力和代价，同时，改变所带来的不稳定成本也是极高的。

05

第 5 章

决 策

最重要的领导行为，就是快速决策，并保证决策是有效的。决策是领导者的日常管理行为，同时，决策又与很多问题相关。

　　决策的典型分类，如图 5-1 所示。通过这个分类，我们可以看到，决策其实很复杂。它有可能与组织相关，也可能与个人相关；可能是例行的，也可能是非例行的；可能是预料中的，也可能是不可预料的。正因为如此，现实中我们在做很多决策的时候都会感觉困难，比如要不要学习，要不要转换行业或者地区，要不要给员工更多投入，要不要培养员工，要不要改变自己的目标，等等。

　　有一次，一家具有相当规模的企业的老板来找我，告诉我他的一些困惑，但是，我们两个人的意见有很大分歧。这个老板认为不能在员工身上投入太多，包括培训、工资

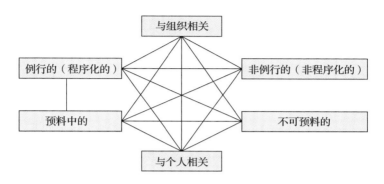

图 5-1 决策的典型分类

以及其他资源。他认为，如果员工有很多钱又很聪明，老板就管不了他们了，而且，这样员工很有可能在某个时候选择离开。所以，最好的方法就是不要让员工有那么多钱，也不要让他们学得太聪明，这样员工才会更可靠。我不认同他的意见，这样的确会让老板觉得他的员工好管，但是，如果不让员工成长和发展，企业能留下来的员工就都是没有发展欲望的员工，这样的企业不可能获得更大的成功。这时，那位老板用一句话把我顶了回来，他说："我干吗要那么成功？我现在不是活得好好的吗？"

表面上看，这位老板好像没有犯什么错误，因为这就是他的选择，这就是他所做的决策。他关心的就是现在如何活下来，而不是未来需要做什么。

这就是决策，决策决定了你的选择。

决策是为了执行

经常有人问我：怎样保证决策的正确性？我很难回答这个问题。如果我们的目的是寻求决策的正确性，其实已经偏离了决策的方向。决策是为了执行，而不是追求正确性。或者说，决策的正确性指的不是决策本身，而是决策得到执行并取得效果。

我们在判断一家企业的决策是对还是错时，看的不是这个决策本身，而是这个决策能否得到执行并取得效果。也可以说，主要看的是决策者在做出决策后能不能让决策执行到位，能不能坚持到取得效果。所以，有一种说法是，经理人的比拼是意志力的比拼，而不是对错的比拼。谁能挺到最后，谁能活到最后，通常谁就是对的。

所以，我要再次强调，决策的重点在于做出决策后，能不能确保决策真正得到执行。

很多决策为什么最后没有得到执行呢？我们来看图 5-2。这张图看起来很简单，但恰恰暴露了大部分决策最后没有落实的主要原因。如图 5-2 所示，从步骤 1 "识别问题"到步骤 6"选择方案"是决策的过程。决策本身就是选择方案（步骤 6），要将决策落地执行，需要的是解决问题，而不是做出选择。也就是说，决策是要解决问题而不是简单地做出选择。如果只是简单地做出选择，我们就只完成了决策的过程，而决策本身是要解决问题的，只有把问题解决了，决策才会获得效果并得到检验。

图 5-2　决策和解决问题的区别

图 5-2 所表达的意思是，要获得决策效果，确保决策执行到位，必须保证执行决策的人从步骤 1 就开始参与决策。也许他们没有决策过程中的选择权，但是必须参与决策的全过程。只有这样，决策才会得到落实，我们才会获得决策的效果。大部分人在决策时所犯的错误，就是做出决策选择的是一组人，执行决策的是另外一组人，这导致决策无法得到执行。

我们来看看英特尔公司的例子。1984 年，由于外部环境的变化以及在英特尔公司内部所遭遇的种种挫折，DRAM 这一产品面临巨大的危机。英特尔公司的管理层发现该产品很难对市场变化做出有效的回应，他们还清楚地预见到，公司的未来发展应该依靠生产微处理器来实现。于是，他们做出了一个决策——不再生产 DRAM 这一产品。对英特尔公司来说，做出这一决策是非常艰难的，因为 DRAM 是公司在 15 年前发明的具有绝对竞争力的产品，即便是在 1984 年，这个产品依然是公司的技术驱动器。但是，当他们发现这个产品将要无法回应市场变化的时候，还是毅然决然地选择了放弃，将这一市场让给了为数不多的日本企业和美国的竞争者。在接下来的 10 个月时间里，大量中层经理人员参与制定并执行了 DRAM 退市引发的一系列决策，如在保持客户对公司信任的同时重新部署公司资源（包括技术、工艺和制造能力等）。

在英特尔公司的内部分析会上，安迪·格鲁夫（Andy Grove）将 DRAM 描述成英特尔公司的一个完全成功的产品。他认为，DRAM 业务支撑了英特尔公司十多年的发展，为公司开发了很多资源。在最需要的时候，英特尔公司进行了内部资源的重新配置。放弃 DRAM 是英特尔公司在正确的时间做出的正确选择。正是这个选择，让英特尔公司明确了产品和市场变化之间的关系，也学会了如何创新地整合外部资源。

英特尔公司的例子说明决策需要执行者全员参与。只有这样，决策才会获得成功。

决策成功的关键在于：做任何决策的时候，首先不是判断这件事情要不要做，而是判断能不能找到人去做。杰克·韦尔奇在带领 GE 高速成长的时候，很大一部分增长是通过购并方式实现的，GE 也因此成为购并成功率最高的企业之一。GE 的购并取得成功的关键因素是：找到实施购并的经理人，并让这个经理人从了解情况开始就参与购并的全过程。因此，在做出决策之前，要先确定谁来执行这个决策，之后才开始展开决策的过程。

然而，在现实中，很多人通常不会先考虑这件事由谁去做合适，而是先把决策确定下来，再考虑谁去做合适，这导致被安排执行决策的人要花很多时间去理解和消化这个决策。更多的情况是执行决策的人也许会评价这个决策，而不重视执行。一旦决策执行得不理想，就更换执行人，或者更换决策。这恰恰是决策执行不到位的主要原因——把决策和解决问题区分开来。实际上，决策就是要解决问题。

重大决策必须是理性决策

从管理决策的角度来说，决策分为两大类：一类叫作日常决策，另一类叫作重大决策。每一个管理者都会面对日常决策和重大决策的挑战。

做管理决策难在既要面对人，也要面对事。这要求管理者既要具备自然科学思维方式，也要具备社会科学思维方式。什么是自然科学思维方式？什么是社会科学思维方式？我用比喻来做个简单的说明。自然科学思维方式就是数学的思维方式，比如微积分和极限，不断地细分和趋近事实。正因为这样，自然科学思维方式使人们可以用通过实验不断接近真理的方式来获得对事物的判断，这种思维方式所具有的特点使人们可以不断试错，不断地进行新的实验和调整。当最后获得成功时，之前的错误就一笔勾销了。社会科学思维方式则是文学、史学、哲学的思维方式。社会科学思维方式所具有的特点，使人们无法用实验的方式来认识事物，不能犯错误，因为一旦犯错误就无法挽回。这和自然科学思维方式刚好相反。

管理科学同时具备自然科学和社会科学的特征，因此，在进行管理决策的时候，我们不能简单地依据数据也就是用科学的方式来做判断，也不能简单地凭借经验来做判断。尤其是做重大决策时，我们必须考量诸多条件和因素，才能最终做出决策，并力保所做的选择不会偏差太大。这个过程我们称之为理性决策的过程。

我希望管理者既要具备自然科学思维方式，也要具备社会科学思维方式。如果这两者都具备，管理者对很多事情的判断和处理就会简单一些。

在推行一项新制度或做新安排的时候，要先在局部试点，不要马上全面铺开。因为管理决策不能犯错误，所以先要实验，获得成功的经验后再全面实施。请记住，管理上做任何新的安排，都不要马上全面展开，那样风险太大，也违背了管理学科的特性。

邓小平提出的建设"经济特区"的策略就是一个典型案例，正是有了四个经济特区的成功先例，全国范围的改革开放进程才会顺利开展并取得了令世人瞩目的成就。如果没有四个经济特区的摸索和建设经验，改革开放的决策也许无法取得今天的成效。

我们常说管理者要有科学的态度，实际上指的是要有两种态度：一是要有自然科学的态度，基于事实、数据和真理说话；二是要有社会科学的态度，基于本质、人性说话。没有这两样东西合在一起同时发挥作用，决策很难有效。所以，重大决策一定要是理性决策。

管理者应该怎么做理性决策？其实很简单，就是训练自己掌握理性决策的步骤，也就是上一节图 5-2 中的 8 个步骤。一旦这些步骤成为你的习惯，你就具有了理性决策的能力。

步骤 1：识别问题

在决策的时候，我们会遇到很多问题，所以，理性决策的第一步是识别问题。识别问题最重要的就是认识到理想与现实之间的差距。

在这一点上，很多人没有做好。举个例子，很多企业每年设计的目标都比前一年有所增长。比如，一家企业 2008 年完成了 9 亿元销售额，希望 2009 年增长不少于 30%，将销售额目标定为达到 12 亿元。大部分人在做完这个决策后，会开始分析怎样实现这 12 亿元销售额。但问题就出在这里，理性决策不是分析如何实现 12 亿元销售额，而是分析增长如何实现。识别问题就是分析 12 亿元和 9 亿元之间的差距到底是什么，并围绕这个差距分析影响目标实现的主要因素是什么，有什么限制，需要哪些资源。当把这些问题都识别清楚了，管理者就能做出合理的判断。

所以，有些时候，我不太建议请专家来做决策。管理者可以参考专家的意见，但是一定不要依据专家的意见做决策，更加不能请专家来做决策。我自己也常被称为专家，我很清楚专家所具有的三个先天的局限性。第一，专家在分析情况的时候都是以理想而不是理性来分析的，他们总是在理想的状态下进行问题的识别。第二，专家最大的局限性是他们并不需要对决策承担最后的责任。第三，专家所依据的数据都是经过整理的，他们会保证获得数据的方法或途径是正确的，但无法确保数据是正确的、全面的。

识别问题的时候，管理者一定要考虑现实和理想之间的真实差距。你不能完全基于现实的情况做分析，必须识别出理想和现实之间的差距到底是什么；也不能完全依据理想来做分析，那样同样无法识别出问题，会导致决策非理性。

TCL 集团购并法国汤姆逊公司的时候曾多方咨询，几家专业的咨询公司给它做了报告。它还请教了行业内外的很多专家，一部分认同购并，一部分不认同。最后，TCL 集团根据自己国际化的理想，决定购并汤姆逊，然而，这个购并案给 TCL 集团带来的重创影响持续相当长时间后才完全消除。回过头来看，这次购并的失败原因应该是决策非理性，TCL 集团没有识别出购并汤姆逊的理想和公司现实之间的差距是什么，购并有没有限制，需要哪些资源等，没有考虑到人力资源的问题、法国市场的消费者习惯等，结果可想而知。

步骤 2：确定标准

理性决策的第二步是确定什么因素与决策相关，其标准是什么。

我们必须清楚地知道什么因素与决策相关，这些因素是否可以观察，是否具体，是否可以测量，标准是什么。当一些与决策相关的因素无法观察和测量时，决策常常会遇到阻力，甚至无法得到实施并给企业带来极大的损失。所以，理性决策的第二步"确定标准"是非常重要的。

大亚湾核电站项目的确定建设在香港地区引起了很大的震动，有一些香港团体甚至提出要抵制这个项目的建设。大亚湾核电站成立了一个公共关系处，当时国内没有任何一家企业在组织结构中进行过这样的安排，它为什么设立这个部门呢？原因就在于，他们事先预估到香港某些团体的意见会影响这个项目的实施，这是一个与决策相关度极高的因素，必须提前做出安排。他们把香港各个团体的代表组织起来，安排他们来大亚湾核电站参观，实地考察核电站的设计、工程质量和保障工程，又请了很多专家与代表们交流。最后，大家达成共识：核电站是安全的、可靠的，而且香港也可以从中受益。就这样，大亚湾核电站项目得以顺利实施。

确定什么因素与决策相关以及该因素的标准是非常重要的，一定不要忽视。中国之所以能成功举办 2008 年奥运会，从决策的角度来看，是因为中国政府把所有相关因素及其标准都考虑到了，如天气、不同文化、不同国家的立场、运动员、观众以及奥运会本身，等等。

步骤 3：分配权重

并非每一个标准都是同等重要的，恰当考虑它们的优先权是第三步。通过判断每个与决策相关的因素的重要性，也就是明确步骤 2 所述标准的重要性，可以使我们更好地解决关键问题，把资源分配到重要的地方去，从而保证决策是正确的。

同样以奥运会为例，继 2008 年奥运会之后，中国又成功举办了 2022 年冬奥会。在诸多因素中，观众或受众这个因素被置于非常重要的地位，他们是赛事和运动影响力

的真实体现。对于 2022 年冬奥会，这个因素的标准是带动
3 亿人参与冰雪运动，资源投入由此真正聚焦于这一关键
因素，这也使得这次冬奥会得到了前所未有的关注。

根据国家统计局的统计，自 2015 年成功申办冬奥会
以来，截至 2021 年 10 月全国冰雪运动参与人数达到 3.46
亿人。对此，2022 年 2 月 18 日，国际奥委会主席巴赫表
示，带动 3 亿人参与冰雪运动是中国为奥林匹克运动做出
的巨大贡献。令他惊叹的还有打破历史纪录的观众数据，
冬奥期间有 27 亿人参与了北京冬奥话题的讨论，中国国内
有近 6 亿人通过电视观看冬奥会。从这个结果来看，不论
是国际奥委会的决策还是中国的申奥选择，都是非常正确
的决策，而这些决策结果的实现离不开一个决策共识，即
双方都把冬奥会能影响到多少人作为决策的重中之重。

在冬奥会上大放异彩的谷爱凌公开表达了自己看重的
决策标准。她从事的运动项目非常小众，她的心愿是让更
多人知道她所热爱的运动，她对这个心愿的重视甚至超越
了对奖牌本身的渴望。而中国强大的影响力和支持力度使
她有机会实现这个心愿，这促使她做出了投入祖国怀抱的
决策，她的这一决策也为中国建设体育强国做出了贡献。
从这个角度来看，谷爱凌的重大决策是非常理性的，充分

体现出了科学的态度。

步骤 4：拟订方案

在这一步，管理者要列出能成功解决问题的可行方案。无须对这些方案进行评价，仅需列出。在做出选择之前，决策所需要的备选方案越多越好。不要在决策之前就做出选择，这样会制约方案的提出，会影响决策本身。

本田摩托车在美国市场成功立足的案例可以很好地解释这一点。本田摩托车在 20 世纪 60 年代进入美国市场时，最初拟订的方案是单一的，就是做满足美国本土消费者需求的奔放、张扬又适合长途骑行的大型摩托车。如果最后真的按照这个方案去做，本田摩托车可能就错失了崛起的机会。所幸的是，在做出最后的重大决策之前，本田意外地得到了一个不同的方案。

当时，本田的员工在美国街头骑的是自家公司生产的小型摩托车，这种小型摩托车因轻巧、方便和经济性吸引了很多人关注，小型摩托车的方案因此被纳入备选方案。最终本田摩托车凭借这一方案在美国市场上站稳了脚跟。到 1966 年，本田摩托车在美国市场的份额已达到 63%。[⊖]

⊖ 明茨伯格, 阿尔斯特兰德, 兰佩尔. 战略历程：穿越战略管理旷野的指南：原书第 2 版 [M]. 魏江, 译. 北京：机械工业出版社, 2020.

亨利·明茨伯格（Henry Mintzberg）在《战略历程》中曾经用这个案例来对自己一直信心满满的战略理论进行"自嘲"，提醒决策者不要忽略或轻易否定那些主流决策方案以外的备选方案。

步骤 5：分析方案

对列出的所有方案进行分析是一个关键的步骤。在这个步骤中，我们需要分析方案是否可行、实施方案的代价高不高、风险大不大，等等。

管理者需要特别注意两点：

第一，分析方案应该着重于建议，而不是人。管理者在分析方案的时候，一定要着重于建议，而不要着重于提出方案的人。千万不要因为是高层管理者提出的方案就给予足够的重视，也不要因为是专家提出的方案就有更强的选择倾向性，分析应该基于方案本身，而不是提出者的影响力。在做决策的时候，管理者不够理性的一个原因，就是习惯于谁官大谁说了算。理性决策不能这样，而应只关注建议。实际上，从上述本田摩托车的案例中，我们会发现，最终被采纳并取得市场成功的决策方案来源于一线员工。

第二，需要分析社会愿望因素——取悦上司还是同事。

在分析方案的时候，如果这个方案需要所有人参与执行，那么取悦同事的方案更容易获得成功；如果这个方案需要上司批准，那么取悦上司的方案更容易获得通过。这要求管理者不要自己评估方案是好还是不好，一定要看这个方案是用来干什么的，需要获得什么人的支持。

步骤 6：选择方案

在前面步骤的基础上，我们要开始做出决策选择了。选择方案，就是决策本身。在这一步，我们需要界定以下问题：用前面的步骤来判断的话，这个方案是最好的吗？选择这个方案是妥协的结果吗？这个方案可以让所有参与决策的人都满意吗？在做出选择的时候是否受到了权力的影响？界定这些问题，会使管理者的选择更加理性，而不会受个人因素包括权力的影响。

步骤 7：执行方案

进入实施步骤，要考虑所有执行者是否都可以接受所选择的方案，以及在执行方案的过程中资源是否会受到限制。如果在执行者不能接受决策方案，决策就不会获得效果；同样，如果在实施过程中资源受到限制，决策也无法得到执行。因此，在实施决策的时候，管理者需要特别关注这两个问题：接受程度、资源限制。

2018 年 6 月 12 日，刘强东在牛津大学赛德商学院演讲时讲述了十年前京东做物流的决策理由以及资源获取过程。在决策权重上，他把解决社会问题放在了首位，"如果一个行业没有问题，京东是不会去碰的，这里没有机会；如果一个行业很糟糕，那里就有巨大的机会"。在那个年代，他发现"整个中国的物流行业奇差，效率低下，成本高昂，快递员对客户没有一点点服务意识"，这促使他决定做物流。但这样的决策并不受投资人欢迎，不过，刘强东还是想办法获取资源，以支撑决策的实施。2008 年，面对所有投资人的反对，他说："这个决策是我做出来的，我一定要做。如果将来亏了钱，全部算我的，我拿我的股份补偿给你们；如果赚了钱，大家按照股份比例享受公司的利益。说白了，做成功了，投资人不需要给我股份；做失败了，我把我的股份给投资人，作为对我决策失误的补偿。"当一个源于解决社会问题的正确决策方案得到强有力的执行时，一定会取得相应的成果。

步骤 8：评价方案

评价方案有很多种方法，看一个方案是否取得了好的效果，最直接的方法是看控制过程、检验后果、改善推进。十多年前，在香港影坛蛰伏已久的吴京决心转战内地拍摄军事动作电影，为此，他专门参加了特种兵训练。不过，当他决定拍摄电影《战狼》时，一些大的电影公司并不看好这个项目，包括他的妻子谢楠的东家光线传媒也拒绝了这个项目。尽管预算非常有限，但电影的拍摄过程却精益求精。最终，该影片凭借优良的品质在内地取得了 5.46 亿元的票房收入，并且获得了良好的口碑。随后，《战狼》系列继续改善、推进，2017 年暑期上映的《战狼 2》一举打破了中国影史票房纪录，获得 56.89 亿元的票房收入。过程控制、结果检验以及持续的改善推进，确保了电影《战狼》系列良好的执行效果，充分挖掘了吴京军旅题材决策方案的价值和潜力。

快速有效决策的五种方法

在决策中，最重要的是快速有效决策以保证效率，因此，管理者需要知道在何种情况下采用何种决策方法比较合适。对决策方法的把握，可以让我们了解到决策的关键是什么。如表 5-1 所示，我对决策常用的五种方法进行了比较。

表 5-1　决策常用的五种方法的优缺点及适用场合

决策方法	优点	缺点	适用场合
独断式决策	（1）适用于简单的常例决策 （2）效率高 （3）责任明确 （4）在紧急时反应迅速	（1）资源有限 （2）可能导致异议、反感及缺乏承诺（应在制定决策后给予解释） （3）可能占用经理宝贵的时间	（1）拥有足够的资料 （2）处于紧急情况 （3）众人期盼你做决策 （4）他人不能制定决策
咨询式决策	（1）扩大资源的运用 （2）有效的辅导工具 （3）有利于建立关系	（1）比独断式决策更耗时 （2）如未能采纳他人建议，可能被视为虚伪 （3）对决策贯彻的承诺通常不够强	（1）资料不足 （2）用于培训、辅导 （3）试探性质 （4）建立关系
群体决策（多数人控制）	（1）民主 （2）效率高 （3）公平 （4）简单	（1）可能得罪少数人 （2）不能获得团体互动的全部好处 （3）讨论流于表面 （4）决定可能不符合高层次的企业目标 （5）可能造成群体内的对立	（1）决策未重要到需要达成共识 （2）不够时间达成共识（例如资源、承诺等） （3）不需要对决策贯彻完全承诺 （4）成员能够支持小组决策

	优点	缺点	适用条件
群体决策（共识）	（1）通常带来高素质、创造性的决策 （2）享有团体互动的全部优点 （3）能避免小组决策的缺点 （4）领导者能能够支持小组的决策	（1）耗时间和资源 （2）需要大量的培训或技能 （3）不适用于紧急情况 （4）可能引起争论	（1）决策非常复杂和重要 （2）极少或没有时间压力 （3）需要全面的承诺 （4）领导者能够支持
授权	（1）节省时间和资料 （2）可作为一种有效的激励方法 （3）有利于培养下属	（1）合适的授权需要智慧和经验 （2）需时间和培训以帮助下属成为授权对象 （3）可能需要为只有极少控制的决策承担责任	（1）下属愿意并能制定决策 （2）想提高下属的水平 （3）对决策贯彻的全面承诺是很重要 （4）不良决策的后果可以承受

以上五种决策方法，都是我们在日常管理中可以运用的方法。大家可以明确，决策的方法很多，关键是要在什么场合下使用。很多人以为独断式决策是错误的，其实，在需要快速决策而信息又完全把握的情况下，这种决策方式是最有效的。因此，做决策的时候，我们需要知道决策有效的评估标准是什么。第一个标准是决策方案的品质，也就是决策方案的合理性：是否既考虑了客观因素，同时又考虑了决策方案的盈亏性（是否能获得利润）。第二个标准是成员的接受与支持程度。决策方案的品质和成员的接受程度是决定一个决策的效果的最关键因素。

当品质比成员接受程度重要时，管理者可以采用独断式决策，利用已有的资料独立做出决策；当成员接受程度比品质重要时，管理者可以选择从分享信息和建议发展而成的共识式群体决策；当品质和成员接受程度都重要时，管理者可以选择利用下属的意见但并没有把他们组织起来的咨询式决策；当品质和成员接受程度都不重要时，管理者采用手头最方便的方式做出决策就可以。

以下四个案例可以帮助我们了解在日常管理中如何选择、如何运用不同的决策方法。

案例 1：产品的正确定价

一家公司刚刚开发出一种新产品，希望借以提高公司的利润水平。由于公司其他产品的销售面临滑坡（尽管情势还未到很危急的阶段），所以，公司对这一新产品寄予了很高的期望。公司经理正在考虑如何确定新产品的价格，他意识到：如果定价太低，增加销售量反而会使公司的亏损增加；如果定价太高，销售量将低至无法收回制造成本的程度。他的面前摆着一套预测型的产品财务分析工具，并且他很清楚公司的最新财务状况。在这种情况下，他应该采取何种决策方式？

在这个案例中，品质比成员接受程度重要，管理者在决策时需要考虑的因素是品质、已掌握的所有信息，以及一个技术性决策必须使用的所有客观性资料，但并不用考虑成员接受程度，所以，采用独断式决策即可。

案例 2：餐舞会的投标

因为业绩优越，阳光公司决定为全体销售员举办一场餐舞会以示嘉奖。餐舞会将于两个月后举行。为了给员工们一个惊喜，这项活动必须保密。城里两家最好的酒店以差不多相同的价格投标争取主办这场餐舞会。阳光公司应以何种决策方式来决定接受哪一家投标呢？

在这个案例中，这是一个给人惊喜的餐舞会，品质和成员接受程度都不重要，而且两家酒店都差不多，所以采用方便的方式做出决策就可以了。

案例3：办公室的分配

管理学院的院长站在新建的办公楼前。和教员们现在使用的办公室相比，新楼的环境无疑改善了很多。所有办公室都配有同样的家具和设备，大多数办公室都一样大，只有少部分形状奇特的大一些。大约一半办公室朝南，可以看到500米外的大海，其他的办公室则面对一座小山。此时，院里尚未分配这些办公室。除了院里的副院长和五个系的主任视察过之外，其他的教员还没有机会看到。院长正在考虑如何才能最好地分配这些办公室。他应采用何种决策方式呢？

在这个案例中，我们可以假设每一间办公室都有相同的设备，且办公室设备的好坏并不会严重影响生产力的高低，这时，为了让人们觉得公平，成员接受程度很重要。当成员接受程度比品质重要时，应采用共识式群体决策。

案例 4：国际营销

某国际营销公司的老板正面对一个难题。这是一家专门负责进出口的公司，凭着它的营销专长和经验，在国际市场上销售许多产品。由于进出口业务的特性，这家公司有一个很大的法律部门。这个部门必须熟悉不同国家的法律，特别是关于贸易合同、关税等方面的。随着国际市场上国家保护主义逐渐抬头，这家公司必须重新评估它的定位，特别是公司能否通过在不同国家建立仓储、供销甚至厂房而得益。这家公司应采用何种决策方式呢？

在这个案例中，与技术相关的决策需要专门知识，同时，时间因素也应加以考虑。也就是说，品质和成员接受程度都重要，应采用咨询式决策。

正如这四个案例所表达的，在日常决策中，管理者会遇到各种各样的情况，简单有效的决策方法就是判断品质与成员接受程度的重要性，之后根据品质和成员接受程度的重要性来选择合适的决策方式。在这些情况中，只有品质和成员接受程度都重要的时候，决策才会比较难。虽然咨询式决策是有效的决策方法，可是需要被咨询的对象有能力承担责任。如果被咨询的对象是不承担责任的，那么这个咨询式决策也许会把企业拖垮。

集体决策，个人负责

通过多年的管理观察，我发现在日常管理中，最常见的现象是个人决策，集体负责。很多时候，决策是一个人做的，但是要集体来讨论、承担，而且个人的意志常常借助集体的力量来体现，这是特别需要纠正的错误。

集体决策

选择集体决策，是因为集体决策是风险相对较小的决策方式。集体决策是集合群体的智慧并相互碰撞、迁就的结果，因此，有它的局限性：集体决策所做出的决策不是最好的决策，通常是一个折中的选择。但是，也正因为如此，集体决策具有最重要的特性，也就是风险比较小。

管理者要保证整个经营过程的良性和可持续，因此，降低风险是管理者优先选择的逻辑，在这个前提下，集体决策是最好的选择。当然，集体决策并不意味着"跟着签字"，不是上边签下边也签，而是要告诉每一位参与决策的人我们能做什么、我们的行为边界是什么，以及相配套的奖惩制度。只有这样，人们在签字时才会真正尽自己的责任，才会有将工作做好的动力。

要使集体决策有效，需要团队的智慧。团队至少需要满足这样一些条件：①团队人数相对较少并能够互相信任；②技能互补；③有责任感、具体目标和共同的工作方法。

1. 团队人数相对较少并能够互相信任

集体决策的第一个前提是决策成员之间相互信任，这种信任通常在团队人数相对较少的时候更容易实现，并且需要成员的坦诚和相互沟通，更重要的是需要改变日常的一些管理习惯。管理者要注意以下常见问题：

- 是否能够短时高效地举行会议。举行会议是决策最常见的工作方式，这种工作方式要求采用大家都能接受的形式处理问题、交流看法并明确各自的职责，要求能达成共识并形成决议。如果会议议而不决、经常跑题、经常发生争论，并且每个人都坚持各自的见解，甚至会议无法进行下去，恐怕就无法进行有效的决策了。

- 是否能够高频度、无障碍地交流沟通。高频度、无障碍地沟通是决策有效的关键因素。在多数情况下，得不到好的结果是因为彼此不理解和信息不对称。因此，管理者要在决策层面做好沟通渠道的设计，确保沟通信息的发布和正式传递，要不断地进行沟通的评估和培训，使每个成员都能顺畅地沟通。

- 是否都能开诚布公、相互配合地做事。如果用一种状态来描述集体决策，那就是开诚布公、相互配合。记住，参与集体决策的成员之间是相互依赖的关系，是支持和分工的关系，不是管理与被管理的关系。管理者应该让每个人都意识到自己的作用是至关重要的，每个人都是整个流程的组成部分，缺一不可。

- 是否都能了解其他人的作用和技能。了解每个成员并尊重每个人是形成信任的首要前提。了解他人可以使每个人的作用和技能得到发挥，并且能带来机会，一个可以信任的机会。

2. 技能互补

集体决策的第二个前提是决策成员之间技能互补，这些技能主要是包括三类：技术性或职能性技能、解决问题和做决策的技能、人际关系技能。实现这些技能互补需要成员坦诚和相互沟通，并可能需要改变一些日常管理习惯。管理者应注意以下常见问题：

- 所有技能，不论是实际的还是潜在的，能否反映团队成员的资格。在这些技能中，我最为担心的是成员们过多依赖人际关系技能，而忽略技术性技能或者解决问题的技能。在大多数情况下，人们喜欢折中，喜欢从众，这会导致技能无法形成互补。

- 每个成员是否有可能在所有技能上把自己的水平提高到团队目的和目标所要求的水平。当大家具备这些互补的技能时，另外一个要求就摆了上来，那就是管理者需要确认这些技能符合目的和目标所要求的水平。但是，即使没有不符合的，这些技能也不能保证决策的有效性。

- 决策成员是否愿意花时间帮助自己和他人学习和发展技能。这是一个相当重要的问题，如果成员不能帮助自己和其他人学习和成长，管理者就要担心决策的可靠性了。

3. 有责任感、具体目标和共同的工作方法

集体决策的第三个前提是决策成员的责任感、具体目标和共同的工作方法。共同的、有意义的目标能确定决策的基调和意向，具体的业绩目标是这个目标的一部分，两者的结合对业绩非常重要。在此基础上形成共同工作方法

的核心在于，在工作的各个具体方面以及如何把个人技能
与提高团队业绩联系起来拧成一股劲的问题上达成一致。
管理者应注意以下常见的问题：

- 所使用的工作方法是否具体、明确。
- 每个人是否都能真正理解并一致接受这种方法，以及这种方法能否带来目标成就。
- 这种方法能否利用和增强所有成员的技能。
- 这种方法是否要求所有成员对实际工作做出同样的贡献。
- 这种方法能否产生开放的相互影响，就事论事地解决问题，根据成果进行考核等结果。
- 是否所有成员都以同样的方式说明这种方法。
- 这种方法是否可以随时进行修正和改进。

个人负责

责任问题一直是管理的基本问题，集体决策的实现需要个人负责来保证。责任永远是个人的，没有"集体责任"这样一个概念，在这方面我们需要非常明确，不能有任何的含糊。

　　西方的管理理论很少探讨责任问题，因为在西方文化中责任是非常清晰的，人们在行为习惯中早已形成了个人责任意识，责任是每一个从业人员的基本素质。但是，中国传统文化一直强调中庸，强调求和与迁就，民间也盛行"枪打出头鸟""法不责众"的说法，这些使人们不习惯个人承担责任，更喜欢从众，希望责任能被淹没在多数人中。所以，在责任意识这方面，我们先天就非常薄弱。

　　但是，没有明确的个人责任意识，管理者就无法让管理变得有效；没有明确的个人责任意识，企业就无法承担经营的后果；最严重的是，没有明确的个人责任意识，就不会有风险控制。由此我们可以确定，个人承担责任乃是我们对自己和他人做出的严肃承诺，是从责任和信任两个方面支持集体的保证；集体成员之间是否相互承担责任可以用来检验集体目的、目标和方法的质量。

　　唯有传递责任，我们才能够实现真正的管理，才有可能看到企业中每一个人的工作质量、每一个人的努力方向，以及每一个人的相互帮助和支持。换句话说，管理只对绩效负责，没有个人的责任，也就没有绩效可言。

　　要实现个人负责，管理者需要注意以下问题：

- 每个人是否都愿意为集体的目的、目标、方法和工作产出负起责任。
- 团队成员能否根据具体目标来衡量进步。
- 是否所有团队成员都感到对所有的衡量指标负有责任。
- 是否所有团队成员都明确什么是他们的个人责任，什么是大家共同应负的责任。
- 有没有"团队只会失败"的感觉。

在日常的实际管理工作中，我们常常被一些问题所困扰，比如，集体的目标到底是谁的目标？工作方法是否应该坚持一致性？工作结果的价值如何评判？对这些问题的看法决定了人们如何工作，也就决定了决策最终的执行效果。

个人决策的局限性

对管理者而言，决策是他们必须要做的事情，也可以说，管理者就是决策的制定者。因此，管理者需要认识到在决策过程中自己会面临很多局限性，这些局限性是有效决策的障碍。

四个"人际错觉"

个人常常会犯一些习惯性的错误，我称之为"人际错觉"。几乎每一个人都或多或少地存在以下的"人际错觉"。

1. 首因效应

在人际交往中，第一印象往往决定了彼此的判断，这就是所谓的首因效应。事实上，你第一次见到这个人时产生的第一印象并不一定是对这个人真实情况的反映。然而，人们通常习惯于以第一印象做判断，而且第一印象总是根深蒂固，需要很长时间才能淡化。古语说的"路遥知马力，日久见人心"，或许就包含着这样一层意思。虽然我坚持认为第一印象并不代表一个人的真实情况，但是，我们必须了解第一印象的效应。因此，在第一次见别人的时候你一定要认真，因为这个时刻在对方对你的认知决策中会发挥重要作用。

2. 晕轮效应

所谓晕轮效应，是借用月亮的效果来比喻以偏概全，指人们会被一些外在的东西所蒙蔽，并且依据被蒙蔽而产生的想法去做判断。举个例子，小张和小李同时到一家公司应聘，两人考试的卷面成绩分别是 90 分和 60 分，面试官往往会根据卷面成绩的高低做出对他们的判断，从而录用 90 分的人。

但是，这种以偏概全也许是一种错觉，因为有些关键的事实点可能被蒙蔽了。今天的数字化技术可以帮助我们更加清晰地认知并破除这个错觉。通过对两个人答题过程的数据进行仔细分析，管理者会发现，小张虽然考了 90 分，得分很高，但他答的都是很容易的题，遇到最难的 10 分题则直接略过。小李虽然只考了 60 分，但他把更多精力集中在解决那道难题上，最终完成了真正有意义的突破。打破了这个晕轮效应之后，你又会选择谁呢？如果你需要一个攻坚克难的人，或许小李是更合适的人选。

同样，有些人可能会从表面上去判断一家企业，认为一家营收 90 亿元规模的企业一定比另一家营收 60 亿元规模的企业强。事实未必如此，也许后者更强，因为它拥有核心能力，业务更加聚焦，其规模因此更加有效。所以，我们希望招到有更好成绩的人、和有更大规模的企业合作，但必须透过表象看到实质，我们需要关注的是更真实、更扎实的成绩。

3. 新近效应

在做决策的时候，新近发生的事情会起决定性作用。

尤其是绩效考核的时候，人们常常更关注考核时这个人的表现，却忽略了过程中所发生的事情。虽然我们一直强调过程考核，但是，过程中发生的事情如果没有被及时记录下来并予以奖励，等到考核的时候，通常已经无法被记起，这就导致在考核开展时发生的事情起了决定性作用。

4. 角色固着

职业的角色、身份的角色等都会影响人们的决策。我曾经看过一个测试，被测试者会得到一个人的大幅照片，他们被分为两个小组，一个小组被告知照片上的人是杀人犯，另一个小组被告知照片上的人是科学家，他们被要求分别描述这个人的面部特征。结果，第一组的人如此描述：突出的下巴说明他心理邪恶，深陷的眼睛说明他死不改悔。另一组人如此描述：深陷的眼睛说明他充满了智慧，突出的下巴说明他勇攀科学高峰以及坚韧不拔。对同一个人的认知，因为了解到的角色不同而产生了不同，这就叫角色固着。

不易察觉的偏好

讲课的时候，我经常会提一些问题，慢慢地，我发现每次提问，我总是倾向于叫戴眼镜的同学回答。我在潜意识里认为戴眼镜的人一定很爱学习，一定能够回答出来——尽管事实并非如此。人总会有一些不容易察觉的偏好。例如，招聘的时候，招聘者常常会选择与自己有相似认知的人、来自某一个地方的人、毕业于某所学校的学生，或者具有某种个性特征的人。所以，我常常对从事人力资源管理工作的朋友讲，做人力资源最重要的就是开放心胸，欣赏多元化的特质，否则，我们会错过很多优秀的人才。

2022年，在电影《少林寺》上映40年之际，日本对其进行了修复重映，这再度引发了人们的关注。当年，这部电影在中国内地、香港地区以及日本等地取得了巨大的成功。事实上，在此之前，香港的电影公司已经拍摄了多部少林寺题材的电影，但均未造成如此轰动的反响。当时，以张彻导演为代表的香港功夫电影自成体系，以暴力美学著称，邵氏电影公司集合张彻及其门徒拍摄了1976年版的《少林寺》，该片在香港取得了122万港元的票房成绩，而1982年版的《少林寺》除了在香港取得了1610万港元的票房成绩，还在多地大卖。李连杰做客央视《艺术人生》时曾讲述过背后的故事：1982年版的《少林寺》最初并不是他们演的，日本的版权购买方在看了最初的版本后觉得不好看，解散了原班人马。恰逢改革开放，张鑫炎导演到内地选了一大批专业的武术运动员来演出，他们没有表演经验，导演也没有为他们安排动作导演，只是让他们展现自己精湛的武艺，结果，这部电影大获成功。央视《第 10 放映室》评价这部电影"营造出了独特的美学风格，开创了中国功夫影片的新纪元"。

这启发我们反思：我们往往喜欢在固有的纸上作画，却忘了我们的目的其实只是作画，是把画作好，而非把自己框定在已有的框架中。这警醒我们在做决策的时候不要基于自己的标准和概念来做出判断，要有意识地突破不易察觉的偏好。

群体决策控制风险而非得出最佳方案

我在前面强调过重大决策一定要理性决策，一是因为重大决策需要控制风险，二是因为理性决策的主要方式是群体决策。

群体决策最常面临的问题是：是否能够得到最佳决策？如果你是从这个角度出发来进行群体决策，就会发现可能存在很大偏差，因为群体决策未必是最佳决策，它是一个折中的、考虑了多方面因素的选择。所以，要求群体决策获得最佳效果是不太可能的。群体决策最大的作用是控制风险而非得出最佳方案。

对于重大决策，控制风险显得尤为重要。特别是当企业具有一定规模后，控制风险就成了主要的决策考虑因素。因为在这个时候，任何错误的选择都可能是致命的、无法挽回的。

在企业创立初期，可以一个人决策，因为在这个时候，控制风险不是主要任务，抓住机会才是更重要的。一个人决策有利于快速决策、抓住机会，而且，企业在规模小的时候能比较快地做出调整。但是，当企业规模变大时，一个人做决策就会带来风险，因为这个时候的你离现实又远了一点，你的信息肯定会被过滤掉一部分，导致信息量变少，可是你又足够成功，你做的决策往往会被大家接受。而且，当企业规模变大时，每个决策影响的资源也变得更多，可以调整的余地变小。这时，管理者要更加谦虚并借助群体力量来做决策。所以，大规模的企业一定要养一些人，专门控制流程，控制风险。从某种意义上讲，大规模的企业一定要支付系统和流程的成本，其价值就是控制风险。

但是，我看到的情况刚好相反。企业规模小的时候，管理者通常很谦虚，会征求很多人的意见，然后再做决策；当企业规模变大的时候，管理者变得自信了，开始不谦虚了，常常觉得自己可以独立做出正确的决策。其实，企业规模越大，管理者越要谦虚，越要依靠群体的意见来做判断。对大规模的企业而言，盈利已经不是最主要的了，控制风险才是最主要的。

影响群体决策的几个关键问题是：

第一，参与群体决策的人不要太多，5～8 人最好，因为太多人很难形成一个达成共识的决策。

第二，每一个参与决策的人必须全程投入，认真负责。有些人参与决策的时候，喜欢隔岸观火，你让他表达意见的时候，他往往会说我没什么意见，但是，等这个决策确定后执行出问题的时候，他开始讲话了："你看我当时就没表态，我觉得就是有问题。"决策执行没有出问题时，他也很有道理，声称那是他本来就默认的。这种人很可怕。如果管理者发现有人在决策过程中持这样的态度，一定要把这个人从决策团队中剔除掉。这种人会对决策造成影响，而且，这种人是不会坚决执行决策的，他们要等到结果出来再表态，这是非常可怕的事情。

第三，群体成员的背景一定要不一致，如年龄、专业等，更重要的是责任要分开。

第四，在进行群体决策时还要避免一些心态，比如"顺我者昌，逆我者亡"、压制意见、因人废言等。持有这些心态的人不是真正的响应，而是虚假的响应。

第五，要让所有人充分地表达意见。不批评、不评价、不打断，让大家尽可能地发散思维、进行脑力激荡，让每个人都大声地表达，尽量说服别人，而不是命令别人。为什么要让每个人都大声地表达？因为群体的答案永远都向讲话声音特别大的人的认识靠近。所以，在做群体决策的时候，一定要鼓励大家大声表达，要让大家发挥自己的作用，否则这个群体决策就会被某些人利用。

第六，不要过于在意流程，而要在意责任。我最担心的也是这一点。很多时候，我们非常在意流程，让每个成员一个一个地签字，却没有很认真地履行责任。经常出现的现象是，后面签字的人认为前面签字的人已经承担了责任，所以他只需要判断之前的人是否签字，以此来决定自己是否签字。但这会导致一个非常可怕的结果，即公司的决定往往是最基层人员的判断。

举个例子，一个前线员工因为竞争加剧，决定申请在市场投放资源。这个申请递交给区域经理，区域经理同意；

再递交到营销副总，营销副总看到区域经理同意，也同意；再到总经理处，总经理看到营销副总同意，他也觉得应该同意。结果，这个市场投放资源的决定只是一线业务员的选择，而后面的各层管理者并未就这个决策申请进行讨论，只是走完了流程。

06

第 6 章

计 划

计划是为了实现目标而寻找资源的一系列行动。

计划是管理最基础的职能之一，也是大家最容易忽略其管理价值的职能。对很多管理者而言，计划只是纸面上的文本，是年初上交的提案、年底总结的参照。在管理过程中，使用计划管理职能工作的管理者并不多。

但是，计划管理是我极其偏爱的管理职能，理由有三。

第一，计划管理是管理的两种基本模式之一。无论我们学了多少管理知识，也不管从分工上来说管理可以细分到何种程度——战略、文化、组织、领导、控制等，从实际运用管理知识的角度来看，管理只有两种基本模式：一种是绩效管理，另一种是计划管理。绩效管理适合于那些直接产生绩效的企业或部门，而计划管理适合于那些不直接产生绩效的企业或部门。绩效管理有利于创新，而计划管理有利于成本控制。我们甚至可以这样简单地概括，美国企业的绩效管理非常强，而日本企业的计划管理非常强，但无论是美国企业还是日本企业，在今天的环境中都是极具竞争力的。

第二，计划管理是所有管理活动的基础。在企业管理活动中，最基础的活动是目标和资源、人和事、权力和责任之间的关系。但是，人和事、权力和责任都是因为组织目标的存在而出现的，从这个角度来说，组织目标决定了所有管理活动的出现以及这些活动的价值。而计划管理就是要解决目标与资源是否匹配的问题，因此计划管理成为所有管理活动的基础。没有计划管理，组织管理、流程管理等都会成为空话。

第三，计划管理可以解决企业健康成长的问题。这一点是我偏爱计划管理的主要原因。企业与人一样，是有机体，在其成长过程中，也有三对无法克服的矛盾：长期与短期、变化与稳定、效率与效益。这三对克服不了的矛盾，使企业循环往复，以至无穷。如何协调好这三对矛盾，如何兼顾长期和短期，如何既要变化又要稳定，如何平衡效率和效益，是管理者必须面对的挑战。只有做好计划管理才可以解决这些问题，下面我会对此进行详细讲述。

　　计划管理是管理的方法、管理的模式，管理者必须掌握。管理者不懂得计划管理，是无法开展管理活动的，因为管理是依靠计划管理来进行的，正如人生。我们的人生如何发展，也要看我们怎么规划。对人生进行计划管理是非常重要的。

　　计划管理的定义可以确定如下：广义的计划是指制订计划、执行计划和检查计划的执行情况三个紧密衔接的工作过程；狭义的计划则是指制订计划，即根据实际情况，通过科学的预测，权衡客观的需要和主观的可能性，提出在未来一定时期内要达到的目标，以及实现目标的途径。通常我们将计划描述为"5W1H"——做什么（What to do），为什么做（Why to do it），何时做（When to do it），在何地做（Where to do it），谁去做（Who to do it），怎么做（How to do it）。

计划的两个重要特性

　　计划有一些根本的特性需要管理者了解，如果管理者对这些特性不了解就会导致管理上出现混乱。

　　计划最重要的特性有两个。

目标是对未来的预测，无法合理

计划的起点是目标，而目标是计划的重点。因此，目标对计划而言是非常重要的。目标是对未来的预测。为什么目标要基于对未来的预测呢？因为目标是解决未来而非现在的问题的。设定目标的时候，看的是企业拥有什么资源、具有什么能力，这些的确是企业需要考量的因素，但是，更重要的是要判断未来发展的趋势以及所面对的竞争。如果不能基于这些来设定目标，而是基于自身的能力和资源来设定，那么也许目标合理且能够实现，但是当目标实现的时候，你的企业可能已经被同行和市场淘汰了。

保证行动是合理的

计划最真实的含义就是确保行动合理，并能够找到资源，以实现不合理的目标。从本质上讲，计划是寻找资源的计划，企业必须不断地寻找资源以实现目标。这要求我们特别注意两个问题：一是不要和上司探讨目标的合理性，二是要与上司探讨资源的问题。好的管理者，一定是主动承担目标并且不断寻找资源的人，这才是经理人的本色。

很多管理者不了解计划的这两个最重要的特性，于是，在日常管理中常常习惯于在目标问题上和上司讨价还价，总想让上司调整他们所要承担的目标，认为这样他们就更容易实现目标。这种想法其实是大错特错的，因为目标是不能讨价还价的，可以讨价还价的是资源。

因此，目标并不是关键，关键的是实现目标的行动，也就是寻找资源的行动要合理。只有行动合理了，目标才会实现。从某种意义上讲，计划就是行动的安排。一定要记住：没有行动的计划是无效的，没有计划的行动是致命的。请在实际工作中确保计划是有行动的，且行动也是有计划的。

计划一定要有寻找资源的行动

很多管理者对目标非常在意，每一天都在分解目标，每个月都在检讨目标是否实现，每个季度都在分析目标达成或者没有达成的原因，每一年都在做关于目标的总结。从表面上来看，这样做没有什么错，但事实上却很有问题。如此在意目标，不断地分析目标达成的影响因素，其实对实现目标并没有多大的帮助。如果管理者把目标放在一边，把所有的时间都用来讨论、分析和总结实现目标的行动的合理性、资源的安排以及时间的控制，我确信目标一定会实现。

关于计划，管理者犯的最大的错误是把计划等同于目标分解。持有这种观点的管理者认为，只要把目标分解了，而且下属也接受了分解的目标，计划的工作就完成了。另一个更糟糕的习惯是，年底做计划的时候，人们总是认为这是一个需要上交的东西，而不是一个管理职能，所以都非常随意地进行设计和安排。等到设计好并提交给上司后，计划就被放到了柜子里。直到年底写总结的时候，人们才会拿出年初的计划来对照一下，而在全年的工作过程中，计划完全被抛到了一边。

其实，计划不需要长篇大论，也不需要漂亮，只需要简单地描述，并且一定要有寻找资源的行动。

一个标准的计划应该包括以下几个方面。

- 目标／目的。
- 计划的有效期。
- 行动的方向。
- 控制的程序及方法。

只要把实现目标所要做的事情设计出来，让人们清楚地知道自己所要承担的责任、时间上的要求以及实施计划的地点，计划就能指导人们的日常工作。这就是计划所应发挥的管理职能。

高层、中层、基层管理者的职责

在前文中，我们了解到企业发展过程中有三对必须面对的矛盾，企业正是在这三对矛盾中循环发展的。那么，管理者应该如何面对这三对矛盾呢？计划管理正好可以解决这个问题。

计划管理通过建立目标的方法，使三对矛盾协调统一起来。计划管理认为，高层管理者需要对策略性目标负责，包括企业的长期发展、投资回报以及市场占有率的增长等。由此我们可以得出，高层管理者要对长期和成长负责。换个角度说，公司是否有未来，能否不断地变革，取决于高层管理者的能力和水平。

计划管理认为，中层管理者要对功能性目标负责，包括企业的中期发展、生产力水平的提高以及人力资源的发展等。因此，中层管理者需要对企业的效率和稳定负责。也就是说，公司是否具有高效率，是否拥有合适的人才队伍，取决于中层管理者的能力和水平。

　　计划管理认为，基层管理者要对日常操作性目标负责，包括企业的短期发展、工作安排（以任务为主）、销售定额、成本控制以及生产力标准等。由此我们可以得出结论，基层管理者对短期和效益负责。也就是说，公司是否具有盈利能力，是否可以降低成本，是否可以保证质量，取决于基层管理者的能力和水平。

　　很多企业之所以平衡不了长期与短期、变化与稳定、效率与效益的关系，主要原因是没有发挥计划管理的职能，没有让不同的管理者承担不同的责任和目标。无论是成本问题、质量问题、盈利问题，还是人力资源管理问题、效率问题，统统都被归为高层管理者的责任。有些企业甚至犯了一个极大的错误而不自知：给高层管理者很高的薪资、待遇和权力，却让他们做着中层管理者甚至基层管理者的工作，不断地为成本、品质和效率花费精力。这是很多中国企业目前的管理状态。而高层管理者本应做的是促动变化、关注投资回报和企业的未来。

　　我经常和很多高层管理者以及企业老板沟通。很多时候，他们会问我管理效率和人力资源的问题，甚至和我探讨组织内耗的问题。其实，企业能否培养人，能否发挥人力资源管理的效用，是中层管理者需要探讨的问题。更直接地说，人力资源工作（如人的培养和选拔等）应该是所有中层管理者的职责，不应由高层管理者负责。这是因为，只有中层管理者才会广泛地面对企业的所有员工，高层管理者能够接触到的员工很有限，而人力资源管理的主要职能是发挥所有人的能力，包括培养人和任用人。同时，如果中层管理者能够培养很多人，这个公司一定是稳定的。所以我们才会说中层管理者最重要的贡献是公司的稳定和效率。

同样的情况也表现在质量、成本和定额上，当企业出现品质不行、成本失控、定额不能完成的问题时，肯定是基层管理者有问题。要么是基层管理者的能力不够，要么是基层管理者的精力不足，这时，企业需要关注基层管理者的培养和提升。

但是，在现实管理中，我们会看到，具有成本和质量意识的往往是高层管理者，而基层管理者反而没有成本和质量控制的习惯。我曾看到过一个有趣的现象：一次，我与一家企业的老板聊天，他给我看几页文件，我很感慨，因为这几页文件竟然是用废纸打印出来的。这个老板告诉我，这样可以节约用纸。我很欣赏这个老板的做法。到了下午，我需要打印一些文件给这个老板看，我让他的秘书帮我打印，结果我看到，作为一个几乎每天都要打印的人，那位秘书只要打错一点，就把整张纸都扔掉，然后用新纸打印。一个很少自己打印的老板非常珍惜每一张纸，一个每天都要打印的人却毫不珍惜纸张，这真的是让我很惊讶。不仅如此，在企业中，很多时候质量问题都是由高层管理者提出的，他们还会提出对成本的要求和标准。

企业把成本和质量作为重要的管理内容，这没有错，但错在作为公司最重要的管理工作——成本和质量控制，没有由基层管理者来承担，而是由高层管理者来承担。因为高层管理者在这两个问题上是作用甚微的，无论他多有能力、如何身体力行，决定质量和成本的仍是基层管理者。只有让基层管理者关注到这两个问题，并愿意为此付出努力，成本和质量才能得到有效的控制。

高层管理者对企业的成长和长期发展做出贡献，中层管理者对企业的稳定和效率做出贡献，而基层管理者对企业的短期和效益（成本、质量）做出贡献。当所有的管理者都能做出贡献时，企业发展的三对矛盾就会协调统一，企业就能获得稳定持续的成长，这就是计划管理的好处。

我经常对学生讲，不要晋升得太快，一旦晋升到总裁的位置，就很危险了，因为"总裁，就是总是可以被裁掉的人"。这虽然是一句玩笑话,但是它讲了一个道理:总裁总是可以被裁掉的,因为总裁对短期盈利没有直接的贡献,所以可以被裁掉。反过来说,企业需要给予基层管理者足够的重视,因为基层管理者决定了企业的质量、成本和盈利。但是,很多企业在这一点上做得并不好,甚至对基层管理者实行末位淘汰。我常常反对末位淘汰,我并不是反对末位淘汰本身,而是反对将末位淘汰的方法用在基层管理者身上,因为这导致的结果是质量和成本受到影响。如果一定要使用末位淘汰的管理方法,我建议在高层管理者和中层管理者层面上运用。

　　计划管理职能的发挥是极其重要的。在实际运用中,高层、中层、基层管理者的职责不能相互替代,更不能让高层管理者承担所有的职责。高层管理者如果承担了所有的目标,如成本、培养人才、质量、管理效率等,会导致中层管理者和基层管理者变成员工,拿着管理者的工资,做着员工的事情,完全发挥不了作用。在这种情况下,中层管理者和基层管理者会感到非常郁闷,他们无法获得成就感,好像什么都没有做,甚至不知道需要做什么。这会给企业带来极大的伤害,真的是得不偿失。

目标的设定、分解和保证措施

组织管理的核心是目标牵引的能力，而计划管理表现在管理方式上就是目标管理。目标管理是由彼得·德鲁克提出来的重要思想。彼得·德鲁克在 1958 年就明确指出，管理成效取决于目标设置和目标协调。

目标是成就的标准、成功的尺度、行为的诱因。每个人的需要都可以通过个人目标的实现得到满足。通过目标设置，可以激发人们的动机：既为共同事业而奋斗，又为个人需要而努力。更重要的是，在重视目标和追求目标的过程中，人们的积极性被充分调动起来，因为调动积极性的关键就是组织的领导者要使各级人员都能看到并达到个人目标。目标使人努力，努力使人取得成绩，成绩使人自信自尊，自信自尊使人有更大的成绩。

计划是依靠目标管理实现的。目标管理包括两个部分：目标设置与自我控制。在目标设置理论中，德鲁克强调"目标既要有一定的难度又要切实可行"。基于这个原则，管理者在设置目标的时候，必须遵守四个基本原则。第一，目标一定要很明确，不能宽泛。比如，不能设置"成为一流公司"这样的目标，因为这个目标太宽泛，没有具体标准。再比如，"我们要做天底下最好的产品"这个目标也是错的，因为最好的产品是无法判断的。第二，目标要可以衡量。目标一定要可以衡量，可以检验，能够数量化，并能够验证。第三，目标之间要平衡。任何一个组织或者个人，都会有多个目标，目标之间要平衡。第四，目标要有预算。最好，对预算进行书面说明，书面表达可以保证符合逻辑。

通常来说，管理中的目标可以分为两种：一种是经营性目标，是硬性的，如财务上的销售额、利润、成本、质量等指标；另一种是管理性目标，是软性的，如效率、流程和服务。管理类的软性目标，基于成本控制和效率提升来设置就可以了，比如部门预算、流程响应时间、内部服务满意度等。

目标管理是一种让员工亲自参与工作目标的制定，在工作中进行自我控制，并努力完成工作目标的制度，是一种全局性的组织变革措施。目标管理的注意事项有四个：第一，必须设定总目标，分目标要与总目标方向一致；第二，每个员工的分目标就是企业总目标对他们的要求，也是他们对企业总目标的贡献，并依此对其进行监督和考核；第三，承认每个员工有自我成就、施展才能和希望自治的需求；第四，为了巩固成绩，必须关注人的行为，并予以激励。

因此，目标管理让每一个人都有明确的目标和实现目标的措施。

我们可以用一张图把目标管理表达清楚。如图 6-1 所示，目标是自上而下层层展开的，措施是自下而上层层保证的。目标管理的核心就是让总目标成为每个人的具体目标，而每个人又把实现目标的每一项措施具体化和细分化，具体化和细分化的措施可以确保目标的实现。进行目标管理的时候，可以采用图 6-1 中的目标管理系统法。

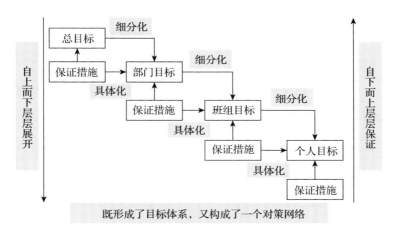

图 6-1　目标管理系统法

我们之所以目标管理做得不够好，主要是因为虽然我们在目标层层分解方面做得不错，但是在措施具体化方面做得不好，更加没有做到层层保证。所以，管理者需要认识到目标管理的核心是实现目标的措施具体化，而不是目标分解具体化。真正的目标管理的工作习惯，是在目标设定之后进行目标沟通，然后花更多的时间和每一个下属讨论实现目标的措施。只有把措施讨论清楚了，目标管理才能做到位。

找到消除目标与现实差距的关键点

我们可以把目标称为理想状态，理想状态和现实之间一定是有差距的，这个差距就是我们确定行动合理的出发点。只要行动可以缩小甚至消除这个差距，行动就是合理的。这是制订计划的关键。

举个例子，20 世纪 90 年代，多个日本儿童用品品牌打算集体进入中国市场。在这之前，它们在中国市场上一直未能取得好的竞争地位。这次，它们决定用 3 年时间，让日本儿童用品品牌在中国市场进入前 10 名。为了实现这个目标，它们开始制订计划。它们发现，理想与现实之间的差距非常大，它们的目标是进入前 10 名，而现实中，日本儿童用品在中国根本没有影响力和市场优势，差距是"从 0 到 10"。它们决定寻找缩小这个差距的关键点。在反复分析中国的市场情况之后，它们选择以拍摄动画片的方式进入中国市场。紧接着，一部部日本动画片在中国市场播放，动画片里的故事和品牌深入孩子的心。3 年后，中国儿童用品市场前 10 名中有 8 个是日本品牌，排在第一的就是"Hello Kitty"。

拍摄动画片就是它们所订计划的行动安排。虽然在 3 年内做到中国市场前 10 名是一个非常具有挑战性的目标，但是，找到了缩小差距的关键点，就能通过合理的行动确保目标的实现。所以，对于计划，最关键的就是找到消除差距的关键点。围绕这个关键点分配资源、展开行动，目标就会实现。

我特别提醒这一点，是因为大部分人制订计划的时候，并没有关注到这个问题。人们往往只是关注分解目标，探讨目标实现的可能性，却没有了解理想和现实之间的差距，更没有根据两者之间的差距来确定行动的方向和资源的获取。今后，管理者在做工作计划的时候，一定不要只关注怎么实现这个目标，还要关注目标和现实有多大差距，这

个差距怎么消除。管理者要和员工反复讨论如何消除差距
的问题，经过反复讨论才能得到可行的行动安排，计划由
此就可以有效地制订出来。

如何保证计划有效

计划作为管理职能能否发挥作用，取决于计划是否有
效。在大部分情况下，管理者在制订计划的时候，往往会
先让分公司或者部门确定各自的计划，再汇总到总公司，
然后确定总公司的计划。这种方式使计划的有效性大打折
扣，因为人们制订计划的目的不同。如果考核是完成计划
就给予奖励，分公司会想尽办法让自己的计划目标小一些；
而如果资源分配是和计划目标挂钩的，分公司就会想尽办
法提高自己的计划目标，不管最后目标能否实现，先获得
资源再说。这种制订计划的方式是非常错误的，需要纠正
过来。

如果要保证计划是有效的，就要从总公司层面确定计
划目标以及资源分配，因此，计划一定是财务部门和计划
部门一起统筹制订的。财务部门应先设计并确定预算，根
据预算判断可以运用的资源有多少，然后再进行目标分解

和资源匹配。这样，整个计划就制订出来了。由此可见，保证计划有效的第一个关键是预算。

除了预算之外，保证计划有效的第二个关键是激励政策的安排。也就是说，在制订计划时，激励政策也要同时确定下来，并且，激励政策既要清楚全面，又要稳定和兼顾变化。这是因为，计划能不能实施，取决于激励政策是否具有足够的吸引力，以及激励政策是否被人们认为可以确信并能够实施。而且，激励政策决定了人们对这个计划的承诺程度。但是，很多企业喜欢的方式是先签订目标责任书，之后再公布激励政策。我建议以后不要再采用这样的方式，而应该在签订目标责任书的同时，让目标责任人了解到激励政策。只有这样，人们在接受计划目标的时候，才会知道为什么一定要达成这个目标——因为达成目标可以获得明确的奖励。

保证计划有效，还有三个重要因素。第一，管理者对计划的态度很重要。在下达计划、确认计划的时候，管理者要用隆重、正式的方式，不要过于简单随意。正式地签订目标责任书会从形式上让人们认识到，对待计划的态度应该认真。第二，不要用原来的方法解决问题。计划之所以会失效，主要是因为外部环境改变了，但管理者还是采用原来的方法来解决问题。当计划和环境相冲突时，继续沿用原来的方法，一定会出问题。第三，上司的支持要充分。计划得以实现的前提条件是上司支持下属去实现计划，因为计划的实现需要资源，只有上司能解决资源的分配问题。

为什么"计划没有变化快"

在计划管理与目标管理中，最大的挑战是让计划适应变化。在日常管理中，最为常见的说法是"计划没有变化快"。很多人都认同这个说法，但是我并不认同。

2014 年 11 月 17 日，新希望集团联合中国和澳大利亚的多家企业共同制订了 ASA100 计划，这个计划的全称是"中澳农业及食品安全百年合作计划"。起初，很多人不理解为什么刘永好先生会发起这个计划。2015 年 6 月 17 日，《中华人民共和国政府和澳大利亚政府自由贸易协定》正式签署，中澳贸易关系迎来了一个重要变化。事实上，在制订 ASA100 计划之前，刘永好对中澳贸易关系的变化就有过研判，他是这样分析的：2005 年 4 月，中澳自由贸易协定谈判启动，但多年来一直没有真正落实，他认为到 2015

年（谈判启动十年之际）很可能会迎来重大变化，而他所制订的计划已考虑了这个变化，能帮助新希望把握住这个变化带来的重要机会。所以，在 2015 年这个变化真正发生之后，按照 ASA100 计划，新希望集团顺利地与澳大利亚农业企业展开了合作，敲开了澳大利亚市场的大门。这个计划本身利国利民，而新希望集团又在其中起到了表率作用。

在领导新希望集团时，刘永好提出了一个叫"领先半步"的重要战略，即略微领先但也不要太快。这种思想渗透了新希望日常经营与管理的诸多方面，使这家企业长期稳健发展。而 ASA100 计划的制订也体现了这一战略思想，它早于变化又没有过早于变化，可谓恰到好处。如果过早制订这样的计划，会面临极大的不确定性，甚至白费工夫，而太晚启动或延迟制订又会赶不上变化。ASA100 计划的恰到好处使计划与变化巧妙组合，从而发挥出两者的协同效应，而非导致两者之间形成"计划没有变化快"的对立关系。刘永好在这个计划中所发挥的作用正符合德鲁克对于企业家的深刻洞察：企业家自己并不引起变化，但是对变化却极其敏感，并且能够把变化转化为机会。

让计划适应变化至关重要。我们都知道，计划是管理的基础，如果计划不能适应变化，就会让管理陷入混乱，管理的基础也就不存在了。我认同今天的变化非常快速，我们所处的环境、技术、顾客需求、同行以及商业模式等都处在变化和创新之中。但是，这并不意味着计划就无法适应变化。

事实上，计划没有变化快的原因是计划没有涵盖变化，是计划本身没有设计好。一个好的计划一定是涵盖变化的，是可以把握趋势的，是能和趋势融为一体并使企业获得机会的。而要让计划涵盖变化，管理者需要研判趋势，要有前瞻性以及适应变化的柔性。当然，过于遥远的预测是难以准确的。就像天气预报，预报的时间距离现在越远就越难保证准确性，距离现在越近则越准确。但这恰恰说明，计划可以做出恰当的前瞻，新希望集团发起的 ASA100 计划就是一个典型案例，说明了趋势研判和涵盖变化的必要性。

我们必须承认，今天的环境已经完全改变，以往我们所熟悉的条件几乎全都不存在了，迎面而来的是全新的挑战。我们不能再把我们生活的这个世界看作稳定和可预测的了，而要将其视为处于混沌的状态。这些不可预测和变动，既能给那些有准备的组织带来巨大的机会，又会给那些反应迟钝的组织以致命的威胁。对每个管理者而言，这就是他们所面对的环境。

所以，管理者所要解决的问题不是计划是否准确，而是计划如何涵盖变化，计划如何具有柔性以适应变动的环境。面对环境的不确定性，管理者在思考时要重视"战略的柔性"。今天的任何一家企业，都既要有明确的战略方向，又要能适应顾客需求的变化；既要有明确的战略目标，又要能把握变化、提升适应能力。这要求我们对计划本身做出合适的安排，而不是面对变化无所适从。

对计划本身做出的合适的安排分别是政策、程序和规定。政策决定了资源的分配，程序是获得资源的流程，规定是获得资源的条件。也就是说，如果要实施计划，首先要制定政策来分配资源，再确定程序以保证资源的获取，最后由规定来明确获得资源的条件。灵活的规定和程序可以帮助计划拥有柔性。

而让计划涵盖变化的途径是：如果发现变化比计划快，可以先调整计划实施的规定，但是程序和政策不做改变。如果在此基础上问题依然没有得到解决，就继续调整程序，但是政策不能调整。往往调整到规定或者程序，计划就可以保留，并涵盖了变化了。

如果我们做足了一切准备，把可预测的事项都预想到之后，仍有新的变化发生，这才算出现了真正的意外情况，因为它的发生是完全意想不到的。这时，我们才能说"计划没有变化快"。

07

第 7 章

控　制

控制在管理中的特殊作用使很多管理者都非常重视它，以至于我在写《管理的常识》第 1 版的时候因为觉得这部分不会有太大的认知偏差，而并未将其纳入基本概念。但是，在第 1 版出版之后，无论是读者还是编辑，都希望我把控制作为一个基本概念增加进来，因为他们担心在这个概念上依然存在认知的偏差。我接受了这个建议，于是有了这一章。

控制是保障达成绩效的核心职能

控制作为重要的管理职能，其重要性表现在三个方面：规划、组织和领导（如图 7-1 所示）。

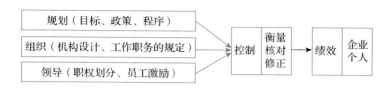

图 7-1　控制的职能

企业的规划（目标、政策、程序）、组织（机构设计、工作职务的规定）以及领导（职权划分、员工激励）转化为企业与个人的绩效，在实现的过程中需要由控制来衡量、核对和修正。我们可以换个角度来理解，也就是说，如果企业没有控制职能，企业的规划就无法转化成企业与个人的绩效，企业的组织管理过程以及领导职能的发挥也无法与绩效相关。

控制之所以有意义，是因为控制本身是一个过程，通过这个过程，管理者能够确保实际的活动符合计划的活动，决策者能够收集和反馈有关绩效的信息，比较实际的后果和计划的后果，并采取行动。因此，管理者在运用控制职能的时候，需要明确目标与计划本身，需要使管理活动的整个过程与目标和计划保持一致。只有做到这一点，才能够说控制职能发挥得当。

所以，要理解控制，就要理解控制在五个方面发挥的作用。第一，控制可以预防危机的出现，因为有计划地收集信息可以防止重大事故的发生。第二，控制使生产标准化，通过把提供的产品及服务标准化，尽量减少偏差。第三，控制可以考核员工的绩效，使员工的绩效得到衡量与指导，并使绩效标准化，让员工有章可循，有依据去提升自己的行动。第四，通过控制发现的偏差可以迫使组织修订、更新计划，不至于到最后来不及调整。第五，控制能够保卫组织财产，因为它能够很好地监督变化，起到预警和提示作用，这可以迫使管理者负起财务责任并保存资产。

从根本上来说，控制职能就是预防风险，纠正偏差，确保目标与计划实现的职能。千万不要把控制理解为对人的控制，理解为一种针对人的管理行为，否则就大错特错了。实际上，控制是一种针对目标的管理行为，要求每一个管理行动都要不断与目标、计划进行核对与衡量，如果发现偏差就要及时纠正。这是控制作为重要职能的核心要义。

控制的过程由四个步骤构成：第一步，建立工作目标和考核标准（立标）；第二步，测量实际绩效（监察）；第三步，将实际绩效与目标和标准相比较（核对）；第四步，采

取必要的行动（修正）。这四步是一个不断进行绩效评估的
过程，最终确保获得组织及个人的绩效（见图 7-2）。

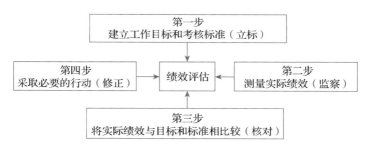

图 7-2　控制的过程

　　控制的过程还可以理解为立标、监察、核对和修正的
过程。立标，要求建立具有挑战性、合理性的绩效（工作）
目标；监察，要求测量、收集、存储以及传达（反馈）有
关个人或者组织活动的数据和资料；核对，则是将实际活
动或者结果与预先计划的活动或者结果相比较；修正，就
是按照原来的计划修正有偏差的活动。

　　了解控制的过程，一方面可以理解控制职能的根本意
义，另一方面可以指导我们的日常管理行为。我去企业调
研的时候，看到很多企业在管控制度上花费了大量精力，
设立了很多制度体系，觉得它们对控制的理解有些偏差。
控制职能并不是指要建立一套制度，而是要形成一种工作

习惯，这种习惯是通过上面所说的四个步骤来实现的。如果管理者能够把这四个步骤做到位，并形成如常的工作习惯，控制职能就会发挥作用。

控制的三个要件

控制之所以没有很好地发挥作用，是因为大部分管理者把控制理解为制度、体系和要求，却没有认识到控制的核心要件是什么。在我看来，控制有三个核心要件，我称之为：标准化、量化、全过程化。

标准化

控制首先需要表现为一系列标准，只有这样才可以衡量和核对。很多时候，中国企业无法发挥控制职能，是因为有制度无标准。中国企业喜欢设立制度与体系，却不愿意设立标准，因此，很多企业没有自己的标准。我不知道其中的原因是什么，但是，如果没有标准，控制职能的发挥就成了一句空话。以质量控制为例，有了 ISO 质量标准，企业才得以真正管控好生产质量、产品质量甚至工作质量。

量化

要想把标准转化为人们日常的工作行为，需要把标准量化。只有量化的标准才有实施的可能，也才能真正被检验和衡量。那些将控制职能发挥得相对比较好的企业，都有一个共性，就是建立了量化的标准，能让员工了解公司对工作质量的要求，对照并检验自己的行为，清楚地知道自己在工作上存在的差距，并采取适合的行动，以获得绩效。早期的很多中国企业，因为没有标准，或者没有量化的标准，在管理中经验主义盛行，甚至很多时候需要依赖人们自觉的行动与行为，依赖于人的判断，导致无法真正实现管理控制。于是，每次出现错误都无法及时纠正，而且同样的错误一犯再犯，既浪费了资源，又伤害了员工的积极性，根本无法取得绩效。

全过程化

控制需要让最终的结果与预先设定的结果保持一致，因此，控制的第三个要件是全过程化。这是很多企业容易出问题的地方。一些管理者在管理过程的初期，对计划与目标还比较熟悉，并能使其保持一致，但是，当遇到困难或者时间周期拉长时，就会完全忘记预先设定的目标与计划，甚至会选择性忘记，这时就需要管理控制来发挥作用。正因为如此，控制需要全过程化。

强调控制的三个要件，是为了让管理者理解控制职能需要设立标准，进行检验与衡量，并贯穿管理活动的全过程。这三个要件缺少任何一个，控制都不会发挥效果，也就无法确保组织与个人获得绩效。

20世纪80年代初期，麦肯锡公司曾对以松下为代表的日本企业进行调研，并得出了"7S"模式。"7S"指的是战略（Strategy）、结构（Structure）、制度（System）、员工（Staff）、技能（Skill）、风格（Style）以及共同价值观（Shared Value）这七个企业成功要素。在制度层面，麦肯锡认为，"松下首创了有效的财务控制制度"。松下的很多经理人在访谈中都谈到了这种有效控制的关键逻辑和动作。电灶分部的一位经理说："我们的语言造成的模糊概念太多了，所以我们运用'数字语言'弥补了这个缺陷。"冰箱分部的一位经理则把松下的控制系统比作美国的橄榄球赛——比赛会像电影一样被拍摄下来，"以便在赛后可以仔细地研究，找出本来打算采取的战术与实际动作之间的差异"。但松下并不是只看数字，一位总经理说，松下"并不把数字当作推动系统的齿轮"。在麦肯锡看来，"松下总部的高管在月度检查中很善于透过数字找出企业存在的主要问题",这甚至让审计员的工作都变得更容易了。麦肯锡公司洞察到了其中的巧妙之处:日本企业的控制系统一部分酷似美国模式,有严格的标准化,但是,更具特色的是它们又会超越数字,关注数字背后的问题,关注行动上的差距,关注人们的行为习惯。这同样是有效控制的关键。⊖

改变四个习惯,做到有效控制

有效控制包括一系列内容,如绩效考核制度、薪酬和奖励制度、员工纪律制度、目标管理制度、预算和信息管理制度、生产和操作控制制度等,其基础是全面预算管理。如何做到有效控制,是控制管理中最重要的部分。如今,大部分企业都在实施全面预算管理,但是要真正取得成效,还需要改变四个习惯。

改变思维习惯

要做到有效地进行控制管理,首先应该改变思维习惯。

⊖ 帕斯卡尔,阿索斯.日本的管理艺术 [M].张宏,译.北京:科学技术术文献出版社,1987.

不要把预设的目标、计划特别是预算看作财务工作，也不要把预算看作简单的编制工作，要用全新的思维方式来看待预算。预算与环境无关，与行情无关，与企业的历史无关，与市场无关，但与目标有关。预算不是以已完成的财务目标为起点，而是要以战略目标为起点。如果做不到这一点，控制管理就无法达成。因为如果预算不以战略目标为起点，这本身就已经和目标产生偏差了。所以，我们的思维习惯一定要改过来，要认识到"预则立"。

改变行为习惯

在对中国企业的一些管理习惯进行观察的过程中，我发现有两个行为习惯很有意思。

第一个行为习惯是喜欢看历史业绩。很多企业总是习惯于评估自己与去年相比增长了多少。从优秀企业的案例来看，这样的行为习惯是不对的，企业应该与行业平均增长水平比较，与竞争力基准比较，而不是与自己去年达成的结果比较。

第二个行为习惯是不喜欢寻找实际情况与计划和目标之间的关联。如果企业不知道实际情况与设定的计划和目标之间的关联，如何保证计划和目标得以实现？企业需要清楚地知道自己在做什么，提高市场占有率的核心要素是什么，等等。知道这些之后，行为就会跟着改变，企业也会清楚地知道预算、考核是用来做什么的。

除了这两个行为习惯的改变，我们还要形成一个新的行为习惯：做全面预算管理，一定要把所有资源放在能产生价值、能促进计划和目标实现的地方。换句话说，不产生价值的地方、与计划和目标无关的地方，不应该投入资源。只有这样，预算才是有用的。在能产生效益的时候才动用资源，要形成这样的行为习惯，这是非常关键的。

改变评价习惯

控制管理要改变的第三个习惯是评价习惯。我观察了很多企业后发现，在经营中，管理者会简单地使用财务指标来做评价，而不是用经营标准来做评价。他们会去认真理解财务指标，却忽略了为实现计划和目标而设立的其他标准。

人们在管理上更习惯于只对 KPI（关键绩效指标）负责。表面上看，这样做似乎也没有什么错。但是，只考虑 KPI，会导致每个应该关注的地方都需要进行考核，而没有设立 KPI 的地方大家就会自动忽略。这样的评价习惯，容易使控制出现偏差。所以，我反对只谈论 KPI。在管理过程中，不是所有的要素都会被纳入 KPI，很多过程要素是无法用KPI 来表达的，而控制本身就是一个过程，这正是管理控制如此重要的原因。

所以，管理者要养成用计划和目标达成情况来做评价的习惯，要全面实施计划管理，而不是只看 KPI 和财务数字。

改变对话习惯

控制管理要求组织上下处于同一个对话体系，用共同的标准来对话。我非常建议企业进行全面控制管理，为什么？因为这样就有共同的对话体系了，大家使用一样的标准、关注共同的要素、拥有相同的认知，整个经营管理就能进入一种非常容易理解的状态，有利于达成共识，而有了共识就可以解决问题。很多时候，企业内部无法达成一致，总是你说你的、我说我的，不应该完全归结为文化的问题，也许是因为没有形成共同的标准，无法用同一套评价体系来进行评价。如果标准缺失，评价不一致，是无法对话并形成共识的，这一点非常重要。

要进行有效的管理控制，需要管理者彻底改变这四个习惯。同时，我认为一家企业能够真正有所发展的基础是做好预算与控制。预算实际上是一种数字化的计划，通过编制预算可以明确哪些是最重要的事项，以及需要为其分配多少资源，从而让资源集中于为目标服务，这时的预算也是一种执行标准。

在预算与控制方面，美国西南航空公司的经典案例可以带给我们很大的启发。这个案例被 W. 钱·金等人总结为价值创新，其实其中实质性的工作内容是有效的成本规划。其他航空公司一般都比较关注六个要素，即餐饮、候机室、座舱等级、中转枢纽、友好服务、速度，而美国西南航空公司则减少了对其中四个要素的关注，把节约下来的成本集中投放在剩下的友好服务、速度这两个要素以及频繁点对点直航的起飞班次这个新要素上，因为这三个要素是关键顾客价值点。由此，美国西南航空公司不仅做好了预算的投入控制，还让预算的投入产生了更大的价值，赢得了更多顾客。所以，当同行陷入亏损的时候，美国西南航空公司反而做到了盈利。

1973～2019 年，美国西南航空公司创造了持续 47 年盈利的纪录，2019 年，其净利润为 23 亿美元，2020 年，受疫情影响，净利润为负 30.74 亿美元；但 2021 年就扭亏为盈,实现净利润 9.77 亿美元;而 2022 年,根据美国西南航空公司第二季度财报,其第二季度净利润为 7.67 亿美元,同比增长 118.4%。虽然疫情期间美国西南航空公司获得了政府的援助,但从本质上讲,其盈利纪录的创造与保持,充分体现了它在预算与控制上的有效性。

这是一个值得我们认真思考和学习的案例,能够启发我们如何真正做好预算与控制——不是为了做预算与控制而做这项工作,而是通过预算与控制保证经营业绩的实现。⊖

控制的负面反应

控制虽然极为重要,但是,不适当的控制会给组织和个人带来极大的伤害。哪些情况会导致不适当的控制呢?

第一种情况,设立了不可能实现的目标。很多企业的最高领导者不明白,设立不可能实现的目标反而会让管理失控。基于自身的能力以及影响力,他们常常为组织设立非常高的目标,这些目标在其管理团队看来是根本实现不

⊖ 金,莫博涅. 蓝海战略:超越产业竞争 开创全新市场 [M]. 吉宓,译. 北京:商务印书馆,2005.

了的目标，但他们却并未察觉到这一点，依然坚持这些高目标，结果给组织带来了持久的伤害。

第二种情况，在企业内部存在着不可预测的标准。所谓不可预测的标准，指的是这些标准无法量化，处于一个动态结构中。换个角度说，一些企业管理者习惯于不断调整标准，表面上看是为了适应外部变化的环境，实际上却让标准变得不可预测。而一个不可预测的标准是无法对工作做出指引和评价的。

第三种情况，对情境缺乏控制与影响。控制本身需要能够对情境做出判断，并能够影响情境使其有利于组织目标的实现，以及计划的推进。如果管理者无法对情境做出判断，也就失去了对情境的影响，从而无法做到有效控制。

第四种情况，标准自相矛盾。这是让我觉得非常可惜的一种情形。有些企业内部存在着自相矛盾的标准，比如，一方面希望企业能够稳健经营，另一方面又希望企业以超乎寻常的速度发展。在这种情况下，员工只能按照经验或者个人判断来做出行为选择，其结果也就可想而知。

下面，我们来看看员工对控制的负面反应有哪些？

第一，认为绩效目标、标准是"压力工具"。有些员工认为，管理者用绩效目标或者预算是为了迫使他们达到预算目标，完成绩效。在这种认知下，员工会只考虑眼前，做出短视的决策，以求达到预算目标，而忽略组织目标与计划。要纠正这一负面反应，需要企业做到两点：一是内在控制和外在控制并重，二是共同设立绩效目标和标准。

第二，存在本位主义，不顾大体。员工只关注自己的任务或目标，而忽略了宏观的组织目标。每个人都从自己的立场出发去思考与应对管理和控制。纠正这一负面反应的方法是，企业使用的绩效标准应该包括所有重要的方面，同时，员工的奖酬要与整个组织的绩效挂钩。

第三，过分重视短期因素。员工更看重成本和利润等短期因素，在这上面花费心思并取得成效，却忽略了企业的声誉及信用等长期因素。比如，有些员工为了短期绩效，不做市场投入，不开发新客户，不培养年轻人，等等。纠正的方法是使用包括短期因素和长期因素的全面的绩效标准。

第四，过分强调容易测量的因素。这种现象在企业中尤为突出，比如，工作只围绕着 KPI 展开，看不到的或者不容易测量的因素就忽略不计。员工对利润、销售额以及成本等因素非常在意，对服务、工作质量等不容易测量或定量的因素则没有那么在意。因此，控制系统不仅必须强调过程和结果，而且要特别关注过程及不容易定量的因素。

第五，隐瞒信息。员工为了保护自己，会采用隐瞒信息的方式来面对控制。比如，由于处于竞争状态的管理者不能客观地评估彼此的预算需求，所以，员工就夸大预算需求，因为他们预料到上司将会削减他们的预算。再比如，将自己部门的不良绩效归罪于其他部门，如生产部门的经理责怪研发部门产品设计不实用等。为了纠正这一负面反应，管理者要注意评估预算需求，使其尽可能贴近市场，同时，不要任意地削减预算数额。

第六，躲避和抵触控制。这种情况包括三种行为：第一种是僵硬的官僚行为，喜欢用符合控制标准的行为来掩饰自己，有不惜一切代价以取得成果的想法；第二种是策略行为[⊖]，提供信息使自己在某一时期看起来表现很好，比如，在年底加速获取客户等；第三种是申报无效资料，提供错误、无效的资料，比如，销售人员的报告中包括了子虚乌有的客户。纠正方法是使用一套更完善的标准，采用周期性的进程报告，以及不要过分依赖控制报告，并对提

⊖ 策略行为与交往行为相对，指参与者通过以自我为中心的利益计算来指导其行为。它是工具主义的和以自我为中心的，其特点是个体行事者力求通过使用一切有效手段来达到各自的目的，以产生对自己而言最大的利益。

供错误资料的行为进行处罚。

　　以上就是员工对控制的负面反应，以及这些负面反应的纠正方法。员工对控制的负面反应需要管理者认真对待并加以纠正，因为它们对控制的伤害是显而易见的。

预防负面反应发生

　　要真正达成控制的效果，仅仅在控制的负面反应发生后进行纠正是远远不够的，更重要的是要预防出现负面反应。

　　预防负面反应发生可以从以下几个方面入手。

　　第一，设立有效的标准。所谓有效的标准，是指标准是相关的、公平的、可以达到的（高标准，但不是高不可攀）、具体的。

　　第二，控制的程度要适合任务。要在强制控制和自我控制之间求得平衡。对于例行的、机械的任务，可以进行较多的控制，经常监督，既看过程也看结果；对于具有风险的任务（比如管理研发部门），应减少控制，且应将控制主要集中在结果上。

　　第三，在设立绩效标准时采用集体参与的方法。这适用于管理者缺乏了解和经验的复杂事项。要确保标准是相关的和公平的，同时，参与的人可以是做决策的人。

第四，避免使用不完善的标准。绩效标准应包括所有重要的绩效层面，以确保绩效评价的全面性和公正性。

第五，不要过分依赖控制报告。预算和品质控制报告虽然有用，但是，它们只提供了选定的控制点的部分信息，例如，利润或废品数量。所以，管理者还需要使用其他方法来进行控制，比如，亲自去现场视察。

第六，及时提供绩效的回馈。及时、经常的回馈有助于提高士气和绩效。当绩效标准较高时，可以加强回馈的正面作用。

第七，使用例外管理。对细微的失误不要反应过度，要重点关注严重的错误和异常情况。

有效的控制需要预防负面反应的发生，对于以上七个需要注意的方面，管理者应认真理解并落实到日常工作中。很多时候，我们在谈论管理控制时，会比较在意事前控制、事中控制以及事后控制。有人认为事前控制最重要，也有人认为事后控制可以少走弯路，但是我却认为分阶段来强调重要性的认知是不妥的。所以，我没有从这三个方面来讨论控制。在我看来，控制需要全过程化，只有从事前到事中再到事后进行全过程控制，才能够达到有效控制的效果。

不可忽视的三个控制内容

控制的目的并不是管控人，而是把控好关键事项。有三个特别的控制内容不容忽视：一是保证财务绩效数据真实；二是防止偷盗行为；三是控权，避免权力滥用。

保证财务绩效数据真实

保证财务绩效数据真实是高层管理者必须承担的责任。美国安然公司曾经是世界上最大的能源交易商，2000 年的年收入为 1010 亿美元。然而，在 2001 年初，有人质疑其盈利模式不清，实际上并不盈利。同时，人们发现其首席执行官斯基林不断宣称安然股价会从 70 美元升至 126 美元，并一直在抛售自己持有的安然股票。斯基林的这种行为不符合当时的美国法律，即董事会成员如果没有离开董事会，就不能抛售手中持有的公司股票。2001 年 10 月 16 日，安然发布第二季度财报，宣布公司亏损总计达 6.18 亿美元。2001 年 11 月 8 日，安然承认财务造假，承认公司自 1997 年以来通过非法手段虚报利润 5.86 亿美元。2001
年 11 月 30 日，安然股价跌至 0.26 美元，12 月 2 日，安然
不得不申请破产保护。2002 年 7 月 25 日，美国国会通过
了《萨班斯法案》，设立法律程序以规范上市公司财报，并
要求公司首席执行官和首席财务官必须保证财报的真实性。
这给很多企业敲响了警钟。⊖

防止偷盗行为

　　偷盗行为令人难以启齿，但也许是真实存在的。沃尔
玛的创始人沃尔顿说，"偷盗是零售业盈利的最大敌人之
一"。面对"员工偷盗成风，任由顾客顺手牵羊"，1980 年，
沃尔玛做出决定，"将公司从减少这一损耗中获得的收益与
员工分享"。根据这一决定，如果一家沃尔玛商店将货物
损耗控制在公司制定的标准之内，店里的每一位员工都能
获得一笔奖金，可能多达 200 美元。这一举措使员工对顺
手牵羊的顾客不再视而不见，更重要的是，大家会相互监
督，不会放任同事的偷盗行为。由此，沃尔玛的损耗率大
大降低，只有行业平均水平的一半。而更好的结果是，如

　　⊖　王丹 . 安然神话为何破灭 [EB/OL].（2002-01-15）. https://www.cctv.
com/special/363/3/32623.html.

沃尔顿所说，这"增强了我们员工对彼此以及对自身的好感"，因为大部分人不喜欢偷盗，也不愿意和偷盗的人一起工作。

控权，避免权力滥用

管理专家彼特·史坦普（Peter Stamp）曾说："成功的企业领导者不仅是授权高手，更是控权高手。"我很认同这个观点，管控也许是大家通常习惯的说法和做法，但是真正需要做到的是授权与控权的双向互动。

沃尔顿的经典案例也可以说明这一点。1974年，56岁的沃尔玛创始人沃尔顿决定退休，他把权力交给了两位执行副总裁，其中，掌管销售的费罗德担任总经理，掌管财务与配送的罗恩担任董事长兼首席执行官。后来，当沃尔顿回看这个安排时，他意识到他把公司分成了两半。事实的确如此，沃尔顿卸任后，沃尔玛分裂为彼此对立的两大派系，最终双方的斗争触碰到了沃尔顿的底线。正如沃尔顿所说，"整个派系斗争已经严重危害到我们一线分店的经营管理，而那是我们最与众不同的力量"。

1976年6月的一个星期六，沃尔顿在卸任董事长30个月后打电话给罗恩，说自己要重新回来担任董事长和首席执行官，而罗恩则担任副董事长和财务主管。这件事被称作"星期六夜大屠杀"，接下来是"大出走"，罗恩带着1/3 的高管离开了沃尔玛。在沃尔顿看来，罗恩和他的手下以为是他们让沃尔玛有了如此的成就，却忽略了沃尔玛的立足之本是"保持低成本，教导我们的员工关心我们的顾客"的基本原则。对于他们的出走，沃尔顿更是表明了态度："在任何一家公司，都会有这样的时刻，有些人需要离开，即使他们曾经做出过巨大的贡献。我讨厌看到公司内部的竞争演变成个人恩怨，讨厌看到我们的人不再齐心协力地工作，不再相互支持。"

　　从某种程度上讲，沃尔顿没有管控人，他知道有些人会离开，他把握的是公司的经营原则，是保证公司的要事不受影响，并以此控制或约束被授权者的行为，通过控权让权力不被滥用，且不会偏离公司的经营。"星期六夜大屠杀"事件以及沃尔顿的行为让沃尔玛的高管知道了什么是最重要的。[⊖]这也印证了本书开篇对管理的理解，管理不是"把人给我管住"，而是让下属明白什么是最重要的。

⊖　沃尔顿，休伊 . 富甲美国：沃尔玛创始人山姆·沃尔顿自传 [M]. 杨蓓，译 . 南京：江苏凤凰文艺出版社，2015.

08

第 8 章

激　励

每次讲激励理论的时候，我都会先讲一个故事。

有一对很老的夫妇，他们决定不再做任何工作，专心享受生活。为了安度晚年，他们决定选一个梦寐以求的地方去住。两位老人在城市里四处寻找，终于找到一个非常好的地方。房子既漂亮又安静，打开房门，外面是社区里最大的一片草地，房子的窗户面对的是社区里最繁茂的一棵大树。于是，两位老人拿出所有储蓄，买下了这栋房子。可是，等他们搬进去住的时候才发现买错了。为什么呢？因为这片草地和这棵树下是孩子们最喜欢的地方，每天都有很多孩子聚集在这里玩耍，非常嘈杂。两个人感觉非常难过，因为他们需要一个安静的地方，显然，这里并不是。两位老人该怎么办？

　　有人提议说，和孩子们一块玩，融入到他们中去。这是一个方案，但是，老人没有很好的体力，而且更喜欢安静。有人大胆地假设，说把树挪走，但是，这显然是行不通的，因为树是公共财产。还有人说，把房子租出去，再另外找个安静的地方。这个方案对花光积蓄的他们来说应该是比较难实现的。更有意思的是，有人说养一条大狗，把小孩吓跑，虽然这的确是一个方案，但这个方案显然是不会被采纳的。

　　我们来看看老人是怎么做的。

　　孩子们来了之后，老人把房门打开并走出去对他们说："孩子们，你们给我带来了很多快乐，我必须有所表示，我决定给你们每人一块钱来表达我的谢意！"拿到一块钱后，孩子们很高兴，第二天，来这里玩耍的孩子更多了。老人又走到小孩中说："我很想跟你们一起玩，但我实在是太老了。不过，我还是要感谢你们带给我的快乐，只是我的钱不多了，我只能给你们每人一毛钱。"这时，昨天拿到一块钱的孩子们生气了，昨天的快乐值一块钱，今天的快乐值一毛钱，他们认为不公平，于是很多人决定不再来这里了。

　　当然，还有一些孩子觉得一毛钱也不错，第三天又来了。老人又走到大家面前说："我真的是太穷了，我只能给你们每人一分钱。"这下子，孩子们全都生气了，因为实在是太不公平了，快乐才值一分钱，于是他们都决定离开。老人的目的达到了。

这就是激励。激励就是让人们自己做出选择并愿意付出。本来到这片草地上来玩耍是这些孩子的娱乐，是他们自己的事情。但是，老人成功地把孩子们的娱乐变成了工作，因为他付费给孩子们。而工作就要有报酬，且报酬要讲究合理性。当报酬越来越低的时候，孩子们觉得不公平，就做出了自己的选择。相反，如果把工作变成游戏，人们就会愿意投入和付出，因为这是他们喜欢的东西。

还要提醒大家的一点是，每次我问大家这个故事中的问题时，几乎所有人给出的答案都是把树移走、搬家、养大狗等。这说明，我们是站在自己而非孩子们的角度思考如何解决问题的。如果站在孩子们的角度，我们就会发现，这三个方案都不是有利于他们的。这正是大家没有找到答案的原因——只从自己的角度出发去寻找解决方法。所以，一定要站在对方的角度去做激励，而不能站在自己的角度。在寻找答案时，如果你想的是"怎么使这些小孩子愿意离开"，那么你的激励方法就是对的。

　　这就是激励的两个要点：一是激励一定要想办法让工作变成游戏；二是激励要站在对方的角度，不要站在自己的角度。这也是激励的核心。

人们为什么工作

　　人们为什么要工作？对于这个问题的回答是激励的关键。其实，人们之所以要工作，原因非常多，有人为了养家糊口，有人为了实现理想，还有人为了获得成就感。如果不做时间和人数的限制，我们会得到无数个答案，从中我们会发现人们工作的理由真的是丰富多样。这也表明，激励是一个复杂而且困难的工作。

　　如果把人们工作的理由进行归类整理，大致可以分为五大类。

赚钱

　　赚钱是一个非常明确且直接的工作动机。但是，很多人往往忽略了这一点，总是觉得并不是所有人都是为了钱而工作的。现实中的确有一些人不是为了钱而工作，但是，从普遍意义上看，赚钱仍是驱动大多数人工作的主要原因。正因为如此，即使是微小的薪酬调整，也可能会引发人们在职业上的显著变化和波动。

消耗能量

人需要消耗能量，这是人的生理需求，工作正是消耗能量的最好方式。但是，很多人忽略了工作量的设计，不考虑人们需要消耗的能量，不考虑人们可以承受的体力极限。有些工作的工作量不足，导致人们的能量无法消耗，为了消耗多余的能量，只能内耗，这使团队不能团结在一起；有些工作的工作量太大，超出了人们可以承受的限度，人们虽然很喜欢这份工作，但是高额的工作量让他们无法持续付出，只好选择离职，人才由此流失。

社会交往

工作使人们生活在社会中，与他人交流，不再孤独，同时获得信息。人喜好群居，需要交流和沟通，如果只生活在家里，能够交往的范围是有限的，并且血缘关系之外的关系通常比较疏远，不能充分满足人的需求。而工作中的人际交往是人际关系中最为普遍和有效的交往关系。小企业的人力成本通常会高一些，就是因为小企业的人际圈子窄，而大企业因为有着广泛的社会交往平台，对人力资源更具吸引力。

获得成就感

工作能让人获得成就感。帮助一个人，实现一个目标，完成一个作品等，都能给人以成就感。工作和成就感之间是相辅相成、互相促进的，工作让人获得成就感，而成就感又会让工作具有价值。成就感充分体现在工作成果中。

获得社会地位

人的社会地位是在工作中获得的。因为只有被社会认可的人，才会获得社会地位。在新中国成立初期，为了给社会主义建设添砖加瓦，当时的青年纷纷投身到工作中，不管这份工作属于什么行业、什么领域，只要能为社会做贡献，大家都没有怨言，欣然接受。当时，国家领导人亲切接见环卫工人，让这些普通岗位的工人获得了前所未有的社会地位——全国人民学习的榜样，受到了所有人的尊重。⊖

⊖　中华全国总工会中华人民共和国住房和城乡建设部.致全国环卫工人的慰问信 [EB/OL].（2011-10-26）. https://www.gov.cn/govweb/gzdt/2011-10/26/content_1978464.htm.

于是，很多年轻人争相去当环卫工人、普通工人。

这五大类理由就是人们要工作的理由，虽然激励的理论很多，方法也很多，但是，所有激励都是为了解决这五大类问题。只有深刻了解人们工作的原因，激励才会有效。

激励因素与保健因素

很多人认为涨工资一定会带来满足感，从而提高人们的工作绩效，但是，弗雷德里克·赫茨伯格（Frederick Herzberg）[⊖]的双因素理论却得出了相反的结论。赫茨伯格最大的贡献是，把提供给人们的工作条件细分为激励因素和保健因素。在他之前，企业提供给员工的所有工作条件都被认为是激励因素，人们认为这些工作条件会让员工好好工作。但赫茨伯格发现事实并不是这样，工资、岗位、福利、奖金、晋升、尊重等发挥的作用并不一样，他把一

　⊖　弗雷德里克·赫茨伯格调查征询了美国匹兹堡地区 11 个工商业机构的 200 多位工程师、会计师，他要求被访者回答诸如"什么时候你对工作特别满意？""什么时候你对工作特别不满意？"等问题，最终发现：被访者列出的不满的项目，大都与他们的工作环境或者工作关系有关，而令他们感到满意的因素，则一般都与工作本身或者工作内容有关。他把前者称为保健因素，后者称为激励因素。据此，他提出了著名的"激励 - 保健因素理论"，即"双因素理论"。

部分起作用的工作条件称为激励因素，把一部分不起作用的工作条件称为保健因素。

所谓保健因素，就是一个人开展工作所必需的条件，如工资、岗位、培训、福利、设备等；所谓激励因素，就是一个人做好工作所需要的条件，如晋升、奖金、价值的肯定、额外的工作条件等。

保健因素不会起到激励的作用。当保健因素缺乏的时候，人们会不满；当保健因素存在的时候，人们的不满只会减少，但不会因此获得满足感。激励因素具有激励作用，当激励因素充足的时候，人们会有满足感；当激励因素缺乏的时候，人们的满足感会降低，但不会不满。

所以，作为管理者一定要了解到，涨工资不会带来激励的效用，因为工资是保健因素，涨工资只会让不满减少，但不会让人们获得满足感。很多企业家告诉我，他们给员工提供了好的福利待遇、好的工作环境以及较高的工资，但是员工们仍然没有创造出好的业绩。其实，之所以会出现这种情况，原因很简单：他们为员工提供的福利待遇、工作环境、工资都是保健因素，员工获得这些时，只会减少不满，却不会获得满足感，自然不会产生好的绩效。

关于保健因素和激励因素的使用，我有四点理解，和大家分享。

第一，如果使用保健因素，一定要使大部分人都能得到。只有让大部分人都能获得，才会让不满的人减少。所以，涨工资的时候要使大多数员工都能获得机会，否则，涨工资的结果就是，得到的员工没有获得满足感，只是减少了不满，得不到的员工却会非常不满。

第二，保健因素只能升，不能降。我们在本章开篇讲的老人与孩子的故事，其实说明的就是这个道理。在故事中，老人把报酬降低，引起了所有孩子的不满。在实践中，工资也只能涨不能降，一旦降了就会带来负激励，除非你本来就打算做负激励。同样，福利也只能升不能降。所以，在做福利方案设计和调整的时候，管理者一定要非常谨慎，哪怕只是几块钱的午餐补助，也不要随意取消，只要取消就会使员工不满，甚至会影响到企业的大局，因为降低福利有可能使员工或者外界认为企业出问题了。

第三，使用激励因素的时候，一定要确保获得激励因素的员工是少数人。这是因为，如果激励因素多数人都能获得，它们就会降为保健因素。这是最近十年来中国企业的奖金没有发挥作用的原因。在改革开放初期，奖金是很好用的激励方式，因为在那之前企业中的员工从来不会得到奖金，突然而至的奖金对人们起到了很强的激励作用。然而，后来奖金变成人人都有份。当所有人都能得到奖金的时候，奖金就变成了一种保健因素，不会再有激励作用，只是会减少不满而已，而不会让人们获得满足感。关于激励因素的使用，除了只能让少数人得到以外，还有一点很重要，那就是激励因素必须是可以变动的，不能固定，一旦固定下来也会变成保健因素。

第四，企业中的一些因素，比如薪酬，既可以是保健因素，也可以是激励因素，当企业使用这些因素来激励员工时，最好把保健因素变为激励因素，千万不要把激励因素降为保健因素。

关于薪酬，还有一个难题令很多管理者感到困扰，那就是薪酬标准该如何制定。大部分企业在做薪酬设计的时候，都是参照同业水平制定薪酬标准，即市场价格，这一点我是认同的。但是，我常常问管理者一个问题：为什么公司的工资水平已经是同业最高水平，公司的经营绩效却并不是同业最高水平？问这个问题，是因为薪酬标准不能只参照同业水平，还要考虑到公司自身的经营水平。也就是说，如果公司的经营水平没有达到同业最高，我建议公司的薪酬标准也不要定为同业最高。如果给了员工同业最

高标准的薪酬，而他们却不能使公司的经营水平达到同业
最高，就会把这些员工害了，把公司也害了。所以，公司
在做薪酬设计的时候，除了要参照同业水平，还要再加一
个坐标，就是公司自身的经营水平，不要好高骛远。

未被满足的最低层次需求影响力最大

很多人都知道亚伯拉罕·马斯洛（Abraham Maslow）[⊖]
的需求层次理论，但是人们并不知道马斯洛更强调的是对
于低层次需求的满足。马斯洛选择了一个非常好的角度来
研究激励如何产生作用，即满足人的需求。在《人的潜能
与价值》这本书里，他告诉人们：人其实有无穷的潜能，
会创造无限的价值，关键是要满足人的需求。马斯洛认为，
人的需求有五种，即生理需求、安全需求、交往需求、尊
重需求和自我实现需求，而且这五种需求是由低向高递进
的。这就是我们通常讲的马斯洛需求层次理论。

对于马斯洛需求层次理论，我们需要理解以下三点。

⊖　亚伯拉罕·马斯洛在 1943 年出版的《人类动机理论》一书中，首
　　次提出了"需求层次理论"。马斯洛认为，人类需求可以大致分为
　　生理需求、安全需求、交往需求、尊重需求和自我实现需求，并且
　　它们是由低级到高级逐级形成和发展的。

第一，人的需求是由低向高递进的。生理需求的满足会激发出人的安全需求，之后人又会产生交往需求、尊重需求，以及自我实现需求。

第二，未被满足的最低层次需求最有影响力。人首先考虑的是最低需求，即生理需求。不要认为有些人读过书、有能力、自我欲望高，就不在意最低需求，只追求自我价值和自我实现。其实，对任何人来说，未被满足的最低需求都是具有最大影响力的，当这些需求不被满足的时候，人们可能会做出极端行为。所以，对于那些有能力的核心人才，管理者除了要尊重他们，经常与他们探讨自我实现，还要对他们的生活状态、生理需求和安全需求给予更多的关心，让他们活得有尊严，活得更自由。

第三，已经被满足的需求，不再有激励效用。已经满足的需求，即使再强化、继续满足，也不会产生激励的效果。

马斯洛需求层次理论在中国的运用遇到的一个比较大的挑战是中美文化对于需求的认识差异，特别是对于个人与社会关系的认识差异。这些差异导致我们在使用马斯洛需求层次理论的时候会有一些障碍。比如，在马斯洛看来，人最低层次的需求是生理需求，但是，在中国的文化背景下，人最低层次的需求是归属需求，一个人如果发现自己不能被归属于某一个类别，往往会认为自己的生存没有价值。观察我们的周围，很容易就会发现一个现象：自由职业者很少，而且，即使是自由职业者，也会想办法进到一个圈子中，或者想办法构成一个圈子。这就是我所讲的归属需求。在美国文化中，自我实现指的是个人发展，而在中国文化中，自我实现指的是社会价值实现，所以，我们还需要更深入了解文化和环境对人们的需求的影响。

人不流动也许是因为安于现状不求发展

人的需求是很难明确区分的，很多时候我们无法界定某个需求属于哪个层次，因此，有人修正了马斯洛需求层次理论。

克莱顿·奥尔德弗（Clayton Alderfer）⊖认为，需求可以分为三个层级：生存、联系、成长。他对马斯洛提出的

　　⊖　奥尔德弗于 1969 年提出了针对马斯洛需求层次理论的修正理论，称为"生存、联系、成长理论"，也可称为 ERG 理论。这是他在大量实证研究的基础上，对马斯洛需求层次理论加以修改而形成的。奥尔德弗认为人有三种基本需要，分别是生存（Existence）需要、联系（Relatedness）需要和成长（Growth）需要。

五个需求层次进行了合并，在他的理论中，生存对应的是马斯洛需求层次理论中的生理和安全，联系对应的是交往，成长对应的是尊重和自我实现。我觉得这个合并是比较好的，因为它更简单，更容易区分。

奥尔德弗还提出了一些观点，我们可以这样理解：

第一，人的需求不是由低向高递进的，而是多种需求同时存在。我认为这个判断更贴近现实，人们并不是先实现生理需求，再去寻求更高层次需求的满足，而是同时有多种需求，并希望这些需求都能获得满足。正如奥尔德弗所说，一个人的需求是同时发挥作用的，每一个需求都需要获得满足。

第二，当一个人在满足需求的过程中遇到挫折的时候，这个人会选择降低自己的需求，放弃更高层次的需求，回归到较低一层的需求上。奥尔德弗告诉我们的是，每一个人都需要获得多种需求的满足，如生存需求、联系需求和成长需求，但是，当一个人的成长需求无法得到满足的时候，他会选择回归联系需求；如果联系需求也无法得到满足，他会选择回归生存需求。这个认识是极其重要的，很多时候，管理者会认为人力资源状态稳定是一件好事，但是，从奥尔德弗的观点出发，我们应该关心的不是人员的流动性，而是人员为什么不流动，以及促使他们留在组织里的关键因素是什么。如果大家不流动不是为了在组织里获得更好的发展，而是因为生存需求得到了满足，那么这对于组织来说是非常悲哀的事情，因为组织里的人都没有成长需求，只有生存需求，这样的组织一定发展不起来。

同样，在奥尔德弗的观点之下，我们还应该关心满足感很高的员工，了解他们的满足感来源于什么。如果员工的满足感来源于生存条件或者交往条件，而不是成长条件，那么这对组织来说也是很有害的，因为组织不可能因此获得成长。所以，不要认为企业的员工流动率不高，就是好事。从某种意义上来讲，当组织的员工流动率不高，并且员工是因为生存条件得到满足而不流动时，我建议管理者主动安排流动，否则，组织不可能成长。

第三，一个人的需求程度会受到他的发展水平和他在团体中的经验的影响。这个观点有着非常重要的实践意义。在一个组织中，一个人的发展取决于他的需求强度，但是，这个人的需求强度又取决于他的发展水平和他在团队中的经验。在一家公司里，如果一个基层经理的发展水平和经验告诉他，他可以争取更高的职位，发挥更大的影响力，他就会提升自己的需求。如果一个人已经在高层管理者团队中，他的发展水平和经验告诉他，继续提升的空间已经很小甚至没有了，在这种情况下，这个人的需求强度就会减弱。

所以，在培养人的过程中，一定要注意员工的发展水平和他在团队中的经验之间的平衡，要同时关注他的个人成长需求、在团队中的经验和发展水平。如果管理者不注意这件事情，可能会导致员工放弃需求，如果员工放弃的是成长需求，就会给公司带来人力资源的浪费。有人问柳传志成功的关键是什么，他说是"定战略、搭班子、建队伍"。所谓搭班子，就是给员工提供发展的平台。美的集团也是如此，不断地拆分业务，提供更多的平台帮助经理人成长起来。

我们一定要记住，企业在任何情况下都要关注核心员工的发展水平和他们在团队中的经验，因为这些因素决定了他们的需求程度。一旦他们认为没有上升空间和发展可能，企业也就失去了发展的原始动力。

满足感与工作绩效直接关联，才会相互作用

有了满足感一定会产生高绩效吗？我相信答案是明确的：没有满足感一定不会有高绩效，但是，有了满足感也

不一定会有高绩效，甚至，高满足感的员工也许会没有高绩效。

导致这一现象的原因是，虽然满足感是个人需求获得满足后产生的，但是，个人需求的满足和工作绩效并没有直接的关联。很多时候，人们的需求是非常个人化的，和工作没有任何联系。有些人喜欢好的工作环境，拥有好的工作环境就是他们的个人需求，会让他们很有满足感，但是他们并没有关心工作本身，也就不可能在工作中获得绩效。

面对这样的情况，我们需要做出以下调整：

第一，满足员工的需求，让员工获得满足感。第二，让员工的满足感来源于工作本身而不是个人需求。员工的满足感通常来源于五个因素：薪酬、晋升、信任、工作本身、同事关系。薪酬和晋升自然重要，这是使人们从工作中获得满足感的两个重要因素。信任也很重要，因为信任使人们不需要太多的监督，也不会过多猜疑，会降低人们的紧张程度。工作本身是满足感最直接的一个来源，喜欢工作本身就会让人们在工作时很快乐，自然容易获得满足感。同事关系，也就是人际环境，这也是一个非常重要的因素，在一个非常有亲和力的环境中，人会很快乐，同事们互相帮助，可以推动工作开展，促进绩效提升。

当我们能够使工作绩效和满足感直接关联的时候，满足感和绩效会相互作用。在这种情况下，人们会享受工作，更喜欢工作，总是用创新的方法把工作做好，而工作带来的绩效又进一步增强了他们的满足感。

有效激励的工具

金钱

我曾经问过很多管理者一个问题：根据你们的管理经验，金钱对于激励是否非常重要？我为他们提供了五个选项：①非常重要；②相当重要；③重要；④不太重要；⑤不重要。无论是在哪一所大学的商学院，我得到的结果都是一样的：只有非常少的同学选择答案①和答案④，绝大部分同学选择了答案②和答案③，而选择答案⑤的人几乎没有。

选择答案②和答案③的同学的理由几乎是一样的，概括起来大致有三点：对于高层次的员工来说，金钱对他们已经不太重要，而对于低层次的员工来说，金钱非常重要；

没有钱万万不能，可是，钱又不是万能的；自我实现、获得成就感比金钱更重要，在某种程度上讲，精神激励比金钱激励更加有效。

以上三种观点是大多数同学的观点，可惜的是，这样的理解是错误的。我们谈论的是金钱对于激励是否非常重要，而不是每个人对于金钱的看法。绝大部分同学之所以没有认识到金钱对于激励非常重要，是因为他们把自己对金钱的看法放到了对激励的理解中，他们认为金钱相当重要或者重要（但不是非常重要），于是，他们就认为金钱对于激励也是相当重要或重要的。一定要纠正这样的观念，要明确地认识到：对于激励，金钱非常重要。

为了说明这个问题，我们先来了解什么样的激励是有效的。当我们确定需要采用激励措施的时候，要衡量采用的激励措施是否有效，需要看它是否具有三个基本特征，即重要性、可见度、公平感，只有具有这三个特征的激励措施才会产生效用。

关于公平感，前面我们已经做了介绍，在此不再做解释。我们在企业内部运用激励措施的时候要关注公平感，这是我们可以控制的一个特征。在此基础上，只要激励措施具有重要性和可见度这两个特征，我们就会认为它是有效的激励措施。如果用激励措施的特征来做标准的话，那么上述问题的答案就显而易见了，是"①非常重要"。金钱在生活中是价值的标识，既具有重要性，也具有可见度，所以，金钱一定是非常重要的激励措施。当然，如果有一天，价值不再用金钱衡量了，金钱的重要性和可见度都不足够了，那个时候，金钱就不再是重要的激励措施。

但是，为什么绝大部分同学没有选择"非常重要"呢？为什么绝大部分同学都认为对高层次的人来说金钱不再重要？其实他们进入了一个误区。对低层次的人来说，比较少的金钱就可以产生激励效果，而对高层次的人来说，需要很多金钱才能获得激励效果，而很多时候这个数量是无法获得的。于是，高层次的人就很少谈金钱的激励作用，因为他们很清楚他们无法获得更多的金钱激励，既然如此，不如就别再谈论和要求。但这并不意味着金钱对激励不重要。

为什么对一些人来说精神激励更重要？对于这个问题，很多人同样存在误区，认为精神激励比金钱激励更重要。我希望大家清楚地认识到，当精神激励重要的时候，并不意味着金钱激励不重要。很多人不仅需要金钱的激励，还需要精神的激励。

金钱只是我为了帮助大家了解有效激励的衡量标准而

选择的一个例子，除了金钱之外，晋升、福利、社会地位、成就以及特别的奖励等都是有效的激励措施。采用激励措施的时候，一定要突出重要性和可见度。只有突出这两个特征，又在一个公平的环境中，激励才会得到预期的效果。

奥运会就是极好的例子。在所有体育赛事中，奥运会拥有独特的地位，每个运动员都把在奥运会中获得奖牌作为毕生的追求，当他们得到奥运奖牌时，会受到巨大的激励。这是因为，奥运会把运动员的奖牌和最重要的事情以可见度最高的方式联系在一起——获得奖牌的运动员，看到的是国旗升起，听到的是国歌奏响，他的荣耀会传遍世界的每一个角落，在那一瞬间，重要性和可见度都彰显了出来。

所以，激励的设计非常重要。大多数管理者会认为，激励措施最重要的是满足员工的需求，这在理论上好像没有什么错误，但是，如果尝试着以满足员工需求为目的来设计激励措施，就会发现这其实非常困难。一方面，每一个员工的需求都不一样；另一方面，管理者很难了解到员工的真实需求。我们应该记住，激励措施是否有效，只取决于重要性、可见度和公平感，而不是每个人的需求满足程度。就如我对管理者的测试所得出的结果一样，很多人依据自己对金钱的需求来做判断，结果做出了不正确的选择。如果依据需求来做判断，激励是很难有效的。一定要用激励措施的特征来判断，最好的方式是从重要性、可见度去设计激励措施。

授权与信任

谷歌曾经出版过一本书，名叫《重新定义公司》（*How Google Works*）。关于这本书，Nick 撰文写道：在该书作者看来，未来组织的关键职能就是让一群 Smart Creatives（创意精英）聚在一起，快速地感知客户需求，愉快并充满创造力地开发产品、提供服务。什么样的人是创意精英？用一句话来说，创意精英不要你管，只要你营造氛围。所以，传统的管理理念不适用于这群人，甚至会适得其反。首先，你不能告诉他们如何思考，只能营造适合思考的环境。给他们命令不但会压抑他们的天性，还会引起他们的反感，甚至把他们赶走。这群人需要互动、透明、平等。书里反复强调，凡是不受法律或者监管约束的信息，谷歌都倾向于开放给所有员工，包括核心业务和表现。[⊖]

⊖　Nick. 谷歌到底如何运转？不靠管理，靠一群 Smart Creatives! [EB/OL].（2015-08-19）. http://www.360doc.com/content/15/0809/ 23/25385510_490626187.shtml.

谷歌采用这样一种模式，员工自然慕名而来，这让谷歌保持了非常好的创造力和领先的行业地位。

"创意精英"类似于德鲁克先生提出的"知识型员工"，他强调管理需要面对的是这样的人群。我很清楚地记得德鲁克先生这样定义"知识工作者"与"雇员"之间的区别，他说："在知识社会里，雇员，即知识工作者，还拥有生产工具。这同样重要，而且可能更重要。马克思认识到工厂里的工人不拥有，而且也无法拥有生产工具，因此不得不'处于孤立的地位'。这的确是马克思的远见卓识……真正的投资体现在知识工作者的知识上。没有知识，无论机器有多么先进，多么复杂，都不会具有生产力。"[⊖]

德鲁克先生的这段话，让我们很好地理解了今天的从业人员。现在，企业的绝大多数成员都是知识工作者，他们拥有知识并因此拥有相对自主能力。相反，一个组织如果仅仅拥有资产，不能为成员提供平台让其运用知识并发挥知识的作用，这个组织就丧失了自己的价值。

对于这些既有自主能力又具有创造能力的员工，授权及信任是最好的激励。为他们提供平台，给予资源支持，

⊖ 德鲁克.巨变时代的管理[M].朱雁斌，译.北京：机械工业出版社，2019.

让他们发挥价值与作用，绩效结果就会呈现出来。

激发成就欲

在现实生活中，人的需求是很难满足的，发现这一点的是戴维·C.麦克利兰（David C. McClelland）[一]。麦克利兰根据人们现实生活的经验，开始研究如何引导需求，而不是满足需求。他提出人有多种需要，在他看来，个体在工作情境中有三种重要的动机或需要。

- 成就需要：争取成功，希望做得最好的需要。
- 权力需要：影响或控制他人且不受他人控制的需要。
- 亲和需要：建立友好亲密的人际关系的需要。

麦克利兰发现，高成就需要者的特点是：他们希望得到有关工作绩效的及时、明确的反馈信息，从而了解自己是否有所进步；他们喜欢设立具有适度挑战性的目标，不喜欢凭运气获得成功，不喜欢接受那些在他们看来特别容易或特别困难的工作任务。

高成就需要者事业心强，有进取心，敢冒一定的风险，

[一] 美国哈佛大学教授戴维·C.麦克利兰是当代研究动机的权威心理学家。他从 20 世纪四五十年代开始对人的需要和动机进行研究，提出了著名的"三种需要理论"。

比较实际，大多是进取的现实主义者。他们渴望将事情做得更加完美，渴望提高工作效率，获得更大的成功。他们追求的是在争取成功的过程中克服困难、解决难题、努力奋斗的乐趣，以及成功之后的成就感，他们并不看重成功所带来的物质奖励。个体的成就需要与他们所处的经济、文化、社会、政府的发展程度有关，社会风气也影响着人们的成就需要。

成就需要与工作绩效之间到底存在什么样的关系呢？

首先，高成就需要者喜欢能独立负责、可以获得信息反馈和中度冒险的工作环境，他们会从这种环境中获得高度的激励。当高成就需要者担任小企业的经理人或在企业中独立负责一个部门的管理者时，往往会取得成功。

其次，在大型企业或其他组织中，高成就需要者不一定是优秀的管理者，原因是高成就需要者往往只对自己的工作绩效感兴趣，并不关心如何影响别人去做好工作。

再次，最优秀的管理者往往是成就需要很高而自我亲和需求很低的人。如果一个大企业的经理人能够将权力需要与责任感和自我控制相结合，那么他很有可能会成功。

最后，可以对员工进行训练来激发他们的成就需要。如果某项工作需要高成就需要者来完成，管理者可以通过直接选拔的方式，或者通过培训自己原有下属的方式找到高成就需要者。

员工成就的大小，会受到他们的自我成就激励和外部成就激励的影响，而且，自我激励会发挥巨大的作用，甚至起决定性作用。如果一个人自己能对自己进行激励，其成就将不可估量。

完全满足员工的需求是不可能的，所以，管理者不要在满足员工需求方面花太多的心思，而是应该选择能够自我激励、成就动机高的员工。同时，管理者还要不断地激发员工的成就需求，当成就需求被激励出来后，绩效将会是无限的。

但是，很多中国人的成就动机，尤其是自我成就激励的欲望并不强烈。我们身边的大多数人都是知足常乐的。有一次，我和一位很著名的企业家聊天，我问他人生的终极愿望是什么。他告诉我是回乡下盖一栋茅草房，挖一个水塘，钓钓鱼，这就是他的人生终极愿望。可是，他当时管理着一家资产达 80 亿元的企业，我知道这里有一个非常关键的问题，我担心这家企业无法获得更好的发展。事实证明，我的担心是对的，几年后，这家公司所在的行业开始了更残酷的竞争，这位企业家真的带着企业往回退。现在这家企业已经不在了，真的很可惜，当时它是行业第一名。

　　这是我们需要特别留意的问题，很多人认为不需要有那么强的企图心，不需要有太强的成功欲。产生这样的想法，或许要从文化层面上找原因，我们的文化不是一种自我激励的文化，而是一种外激励的文化——外激励文化下人的成就欲望是比较弱的。而麦克利兰的成就激励理论告诉我们两点。第一，人们是需要外激励的。不要认为每个人都会自己找事情做并且把事情做好，会以很高的标准来要求自己。一定要用很强的外激励来激发他们。第二，要想尽一切办法激发人们内在的成就欲望。因为只有激发内在的欲望，人们才能够真正地获得成就。

赋予期望

　　期望理论⊖是我最喜欢的激励理论，因为运用这个理论，可以直接获得工作绩效，同时，它也是培养年轻人的有效方法。

⊖　期望理论最早是由美国心理学家维克托·H.弗鲁姆（Victor H. Vroom）在1964年出版的《工作与激励》一书中提出来的。该理论认为，个体行为倾向的强度取决于个体对这种行为可能带来结果的一种期望度，以及这种结果对行为的个体来说所具有的吸引力。期望理论用公式表示为：激励力量（M）= 目标价值（V）× 期望值（E）。

有这样一个故事:

一组关于期望理论的研究专家决定做一个实验,他们来到一所中学,在新生入学的第一学期举行了一场选拔赛,说要从 500 名学生中选拔出最优秀的 50 人。为了更好地培养这些学生,专家说服学校在全校 100 名教师中也进行一次选拔赛,选拔最优秀的 5 名老师来负责教育这 50 名优秀学生。六年后,这些学生要毕业了,在最后的毕业考试中,这 50 名学生全都以全校最优秀的成绩毕业了,而这 5 名老师在这六年间也都成了当地的特级教师,获得无数奖项。

这时,专家小组公布了之前选拔赛的成绩,原来,这 50 名学生并不是最优秀的学生,只是专家随机抽取的,这 5 名老师也是随机抽取的。但是,六年后,5 名老师和 50 名学生真的成为最优秀的老师和学生,这就是期望理论。

期望理论的运用需要三个基本条件:第一,有期望值,也就是有设定的绩效目标,必须让成员相信这个绩效目标是可以实现的;第二,有媒介,需要有获得信任的载体和措施,我们称之为媒介;第三,对期望目标进行评估,并确信这个目标。这三个条件缺一不可。简单地说,期望理论就是设定一个绩效目标,并让人们确信这个目标,最终实现这个目标。在上述的故事中，成为全校最优秀的学生和老师是绩效目标，选拔赛是媒介，5 名老师和 50 名学生确信自己是最优秀的。

期望理论是培养年轻员工的重要方法。年轻人通常对自己有很高的期望，可塑性也很强，所以完全可以按照我们的期望来塑造他。我们想要他们成为什么样的人，他们就可以成为什么样的人，关键是如何运用期望理论。

要运用好期望理论，需要做到以下几点。

第一，设定的目标不要太高。不要设定一个根本不可能实现的目标，因为无法实现的期望等于没有期望。有家公司曾经出现过这样的情况：这家公司设定了一个目标，这个目标太宏大、太高远，公司中 95% 的人认为根本无法实现。他们知道公司不可能开除 95% 的人，所以所有人都不在乎这个目标，也不要求自己朝着这个目标去努力。一个没有人相信会实现的目标，是不会有激励作用的。

第二，需要有媒介。需要设计一个让所有人都认为公平可信的载体。

第三，承诺要兑现。不管最后有多少人达成期望，都一定要兑现当初的承诺，这样才可以激励人们向更高的期望努力。

成本低但非常有效的四种激励措施

激励需要成本，这一点是肯定的。无论是晋升、福利还是其他特别的奖励，都需要花费成本。这就要求管理者在运用激励措施的时候，要关注成本，采取成本低、效果好的措施。

鼓掌

在所有激励措施中，鼓掌的成本几乎为零，效果却极佳。虽然鼓掌并不需要花什么钱，但是重要性和可见度都很高。得到掌声就是得到肯定，这对每个人都很重要。

但是，鼓掌这样一个简单的激励措施，却不是所有人都会运用的，很多管理者甚至不知道鼓掌应该鼓多少下。我曾经无数次问管理者这个问题："鼓掌，需要鼓多少下？"绝大部分管理者的回答是"三四下"。其实，只需亲自鼓掌测试一下，就会发现只鼓掌三四下根本无法感动员工，因为时间太短。实际上，鼓掌至少需要九下，只有超过九下的掌声，才会让听者真切地感受到肯定，同时被感动。当员工感受到大家对他的肯定和赞赏时，才会受到激励，从而更加努力地工作。

因此，如果我们用掌声来激励别人，一定要长时间地、热烈地鼓掌，必要的时候还要起立。站起来长时间地鼓掌，是一种非常明确的肯定和赞赏，带给人们的激励是非常令人振奋的。

赞美

赞美是第二个花钱比较少、激励程度高的措施。针对工作上的表现，管理者亲自并立即给予赞美和表扬，对员工有很大的激励作用。曾经有人做过调查，得出的结论是当上司给下属直接的赞美时，激励效果非常好。日常的管理经验也表明，当众表扬是非常有效的奖励。

美国的格兰德·H. 格雷厄姆（Gerald H. Graham）博士主持过一个调查，总结了最有效的激励技巧：

- 员工表现杰出时，上司亲自道贺。
- 上司亲自写信表扬优秀员工。
- 以工作表现作为升迁的基础。
- 管理者公开表扬优秀员工。
- 管理者召开会议，公开奖励部门或个人表现优良者。

但是，上述有效的激励措施，在日常管理中却并不常见。管理者总是习惯于在年底用奖金的方式对员工进行表彰，却不习惯在日常管理中对员工进行赞美和表扬。其实，一句赞美和肯定的话，带来的激励效果是不可估量的，我曾经深刻地感受到这一点。我第一年做教师的时候，讲授的课程是大学一年级的《马克思主义哲学基本原理》。在我教师生涯的第一个学期，我遇到了一群非常好的学生，在一学期的课程进行到一半时，有一天，我按照往常的习惯提前 15 分钟到教室，一进门我就愣住了，因为教室的黑板上整整齐齐地写了一句话："陈老师，在这个周五课程结束的时候，我们就盼着下一个周五的到来。"这句话令我感动无比，我也因此领悟到，"做一个令学生喜欢的老师，是我人生最重要的价值"。因为这句话，我一直很努力地做一个令学生喜欢的老师，直至 30 多年后的今天。

鲜花

　　鲜花是花钱相对较少、激励效果明显的第三个措施。鲜花在人们的生活中有非常强的象征意义，可见度也很高，管理者要学会运用这个激励措施。我就常常被学生的鲜花感动。在教师节的时候，在课程结束的时候，在学生毕业的时候，我收到的每一束鲜花都让我不断地感受到做老师的幸福，也不断地感受到学生给予的肯定和期望。我因此不断地自我激励，告诉自己不要辜负这些鲜花，不要辜负学生的期望。

隆重的仪式

相对来说，隆重的仪式需要花费的成本高一些，但是，隆重并不是豪华，而是要用心赋予仪式一些价值。日常生活中会有很多特殊的时刻，如果我们能够利用好这些时刻，并安排隆重的仪式，带来的激励效果是显而易见的。

在新员工入职的时候，大多数公司都是对新员工进行培训，帮助他们了解公司的情况，但我曾经参加过一家公司举办的别出心裁的新员工入职仪式。这家公司进行了一个非常不同的安排：为每一个员工制作了一个刻有公司名称和员工姓名的杯子，由老员工一对一地把这个杯子交给新员工。两年后，我又一次和这些曾经的新员工见面，他们告诉我，入职时的杯子让他们印象非常深刻，从那一刻起他们知道自己是公司的一员，从此非常珍惜这个杯子。

激励作为最重要的技能，需要每一个管理者都真正掌握并有效运用。激励一定要基于人性，要符合时代潮流，要了解到每个时代的人们有着不同的需求特征。比如，20世纪80年代之前企业评选的是"先进生产工作者"，2005

年之后评选的是"超级员工"，到了 2009 年，评选的则是
"快乐员工"。

　　激励还需要个性化和制度化相结合。如果激励完全是
制度化的，激励因素就很容易变成保健因素，而且，更糟
糕的是，制度化会减弱激励的效果。比如，很多公司给每
个月过生日的员工购买蛋糕，让他们一起过生日，这在第
一年通常会发挥很好的激励作用，但如果第二年还是做同
样的安排，员工们就不会产生好的感觉，这样的安排就不
再有激励效果了。因此，管理者在激励时要充分发挥自己
的想象力，使激励更加个性化，给员工一些惊喜，这样才
会得到很好的激励效果。

在何种情况下，激励不发挥作用

　　在通常的情况下，激励总是会发挥作用的，但是，我
还是要提醒管理者，在某些情况下，不管采用何种激励措
施，都无法达到效果。了解和掌握这些情况，可以让我们
更好地了解激励的作用，同时也能针对问题做出选择。

　　在以下三种情况下，激励无法发挥作用。

工作超量，感到疲惫不堪

如果一个人工作能力很强，他往往会承担非常大的工作量，当然也会相应地获得很高的肯定。但是，当工作量大到使他感到疲惫不堪的时候，即使在某项工作完成后让他休假，他依然可能会选择离开这个岗位。尽管这是他非常喜欢而且胜任的工作，但是他还是要考虑自己的身体承受能力。

这样的问题非常普遍，很多管理者不断地鼓励员工拼命工作，但是员工会疲劳，当他感到这种疲劳已经超出自己的承受能力时，他一定会离开。这种疲劳不是激励可以消除的，而是应该做出及时的调整。

角色不清，任务冲突

工作分工对每一个人来说都是至关重要的。没有明确的分工，人们就无法体现出自己的工作成效，也无法发挥作用。所以，清晰的职责和明确的分工，是人们获得工作绩效的前提。然而，我们常常发现，很多企业存在分工不明确的现象，甚至角色不清，人们不知道自己的直接汇报路径是什么，也不清楚应该参照什么样的工作标准，更不知道应该倾听哪些人的意见，以及如何取得肯定和认可。他们同时承担着多种任务、多种角色，甚至很多任务和角色是互相冲突的。在这种情况下，无论使用何种激励措施，都无法使他们获得工作绩效。

待遇不公平

当人们感觉被不公平对待的时候，任何激励措施都是无效的。公平对每一个员工来说都是非常重要的。在人们的心目中，只有公平存在，考核和奖励才是真正有效的；如果公平本身已经不存在了，那么，考核和奖励只是形式主义，没有真正的意义。因此，只要人们觉得不公平，激励就不会有效果。

综上所述，如果不满来自超量工作带来的疲惫、角色不清和任务冲突、待遇不公平，管理者就不要再从激励的角度去做努力，因为不管怎么激励，做什么样的承诺，对员工都是没有用的。他们可能会暂时接受管理者所做的激励安排，但是，这并不能从根本上解决问题。在以上三种情况下，我建议管理者不要采取激励措施，而应该切实地改变员工的工作状态，要进行合理的工作量设计，明确职责和分工，为员工提供公平的待遇。只有这样，他们才会安心工作。在此基础上，再对员工进行激励，就会获得高的工作绩效。

重视公平感的营造

我们知道，公平本身就是最好的激励。在公平的环境中，人们会产生比较高的工作绩效。所以，如果说需求理论不能直接产生绩效，那么，公平理论则很好地解决了这个问题，获得公平待遇就会直接产生绩效。

斯塔西·亚当斯（J. Stacy Adams）在公平理论[⊖]中开篇就强调不公平是绝对的，公平是相对的。在管理中，因为每个人的分工不同，承担的责任不同，所获得收益也不同，因此，不公平是绝对的。但是，我们需要公平，因为唯有公平才可能产生绩效，所以，公平理论在阐述了公平的本质特征之后，明确地指出：公平是一种感觉。这带给我们很大的帮助，让我们明白：虽然不公平是绝对的，但我们

　　⊖　公平理论，又称社会比较理论，是美国行为科学家斯塔西·亚当斯在《工人关于工资不公平的内心冲突同其生产率的关系》《工资不公平对工作质量的影响》《社会交换中的不公平》等著作中提出来的一种激励理论。该理论侧重于研究工资报酬分配的合理性、公平性及其对员工生产积极性的影响。

依然可以获得公平，因为公平本身是一种感觉，是一个人的判断。只要我们能够合理地提供判断的标准，公平感就会出现，也就可以获得公平的效果。如果用绝对意义来理解公平，公平其实是不存在的，但是从相对意义上来理解，公平是一种感觉，这种感觉是存在的。

公平感来源于什么？我们可以从下列公式中得到答案：

$$\frac{\text{我获得}}{\text{我付出}} = \frac{\text{他人获得}}{\text{他人付出}}$$

当人们比较的不只是获得还有付出时，就会产生公平感。公平理论的核心是通过比较每一个人为获得而做出的付出，使人们获得公平的感觉。

在日常管理中，我们通常忽略了引导员工比较付出。很多时候，大家更习惯于比较获得，尤其是在绩效考核完成后，很多公司会奖励员工，但通常只公布奖励的结果和奖金数量，却不重视宣传获得奖励的员工的付出，很多人因此认为不公平，认为大家应该共同分享奖励。比如，一等奖是 10 万元，奖励一名有突出贡献的员工，而其他人只拿 1000 元，大家会觉得：这太不公平了，太糟糕了！为什么他拿 10 万元？为什么不让他拿 1 万元，剩下 9 万元给大家分分？这导致那些获得奖励的先进员工不仅没有得到真正的尊重，反而还受到了伤害。

其实，在奖励员工的时候，最重要的不是公布奖励的结果，而是公布他们取得绩效的过程。企业一定要把员工获得奖励的原因彰显出来，让大家了解到先进员工的付出。还是上面的例子，如果我们宣布一名员工获得一等奖之后，将他做出的绩效、付出的努力、耗费的精力和时间也公布出来，大家可能就没有意见了，而且还会觉得很公平，因为大家发现这名员工所做的事情他们做不到，正是这名员工的贡献才有了公司的进步。大家会欣赏他，同时也会支持他得到 10 万元奖金。

在运用公平理论的过程中，第一个难题，也是最大的难题是管理者认为公平，员工却认为不公平。这是一个非常普遍的难题。人们因为所处的位置不同，承担的责任不同，看问题的角度不同，对公平的看法差异很大，所以，管理者一定要了解员工的真实想法。第二个难题是我觉得最有意思的，其实中国人对公不公平并没有我们想象的那么关心，中国人最关心的往往不是公平，而是平均。如果设立奖金，那么大家都要有奖金；如果要激励，那么大家都要受到激励。公平没那么重要，最重要的是所有的人都要平均获得。"不患寡而患不均""不平则鸣"等都是这种心态的反映，我们要特别注意。

员工的绩效由管理者决定

　　管理者要学会向下负责。这是因为，让管理产生绩效，最终体现在下属的成长中。

　　在组织的所有资源中，人是最重要的资源，因此，对人的激励也是最重要的。我相信，管理者都有这样的认识，但他们缺少的是对下属成长的安排和支持。我一直认为，下属的绩效是由管理者决定的，也是管理者设计的。只要管理者了解到下属的长处，并按照其长处设计工作和职能，绩效自然就会产生。用一句话来说，下属的成长和绩效是管理者设计出来的。

　　负责是能力的表现，也是一种工作方式。当我们说会对一个人负责的时候，实际上已经把这个人放在自己的生存范畴中了。我们可以这样定义"向下负责"：为了让你、你的下属和公司取得最好成绩而有意识地带领你的下属一起工作的过程。因此，向下负责包含三点：第一，为下属提供平台；第二，对下属的工作结果负有责任；第三，对下属的成长负有责任。

向下负责的核心是发展下属。发展下属要从以下四个方面做起，这四个方面缺一不可。

给工作团队提供清楚的方向与目标。管理者协助下属了解其工作对于实现企业目标的重要性是非常关键的。很多员工不符合企业的管理要求或发展需要，很大程度上就是因为管理者没有与下属沟通工作团队的方向与目标。管理者不能有技巧地与下属沟通新的见解与观察，使下属根本无法了解方向与目标，自然也就无法得到好的结果。这样的情况出现后，很多管理者会把责任推到下属身上，认为是下属没有能力。但我坚持认为，没有不好的士兵，只有不好的将军。管理者在这方面最明显的不良表现是无法与执行计划的员工妥善沟通计划的目的与目标，不能很好地解释各项作业的目的和重要性。

鼓励下属追求更高的绩效。有能力促使员工努力超越目标，让他们达到自己原本认为不可能达到的目标是对管理者能力的一个考验。没有下属能力的提升，就不会有对目标的超越，企业是在员工自我超越的过程中创造佳绩的。管理者在这方面的不良表现是无法激发员工的投入感，不能使他们释放出巨大的能量及表现出赢得胜利所必需的态度。

支持下属的成长以及成功。向下负责的具体表现是支持下属的成长以及成功。要做到这一点，首先，管理者要真诚地关心下属的生存与发展，将组织的愿景及目标转化为团队成员的挑战和有意义的目标，并让组织目标与下属的发展目标合二为一；其次，管理者要对下属的工作内容有兴趣，了解下属的工作与组织策略的关联所在；最后，管理者要支持下属的成长以及成功。对下属的每一个小的成功都给予极大的关注和表扬，这会让下属真正感受到管理者对他们的成功的支持和肯定。管理者在这方面的不良表现是压制人才，不愿为他们提供发展机会，不把真实情况及时反馈给下属。

建立合作关系。获得工作团队成员的信任是实现向下负责的基础。只有被下属信任，管理者才能发挥作用，带动大家。这要求管理者平易近人、待人友善，对下属的不足与缺点不要挑剔而要避开，只有避开下属的短处，不断地找到下属的长处，才会打造出一个充满信任的环境，实现彼此信任，并建立合作的关系。因此，管理者要能及时了解员工的需求，了解员工的优势和不足。更重要的是，管理者要能以建设性的方法处理棘手的问题，让下属在感受到管理者能力的同时也能学到经验。管理者在这方面的不良表现是很难相处，令员工不会主动向他吐苦水。

　　向下负责，简单地说，就是尽量避开下属的短处，发挥下属的长处，不断自问："我怎样做才能使下属成长并顺利工作？"

[1] 泰勒 . 科学管理原理 [M]. 马风才，译 . 北京：机械工业出版社，2007.

[2] 韦伯 . 经济·社会·宗教：马克斯·韦伯文选 [M]. 郑乐平，编译 . 上海：上海社会科学院出版社，1997.

[3] 韦伯 . 经济 . 诸社会领域及权力：一至五章 韦伯文选第二卷 [M]. 李强，译 . 北京：生活·读书·新知三联书店，1998.

[4] 贝克尔 . 家庭论 [M]. 王献生，王宇，译 . 北京：商务印书馆，1998.

[5] 陈春花 . 回归营销基本层面 [M]. 北京：机械工业出版社，2016.

[6] 法约尔 . 工业管理与一般管理 [M]. 迟力耕，张璇，译 . 北京：机械工业出版社，2007.

[7] 德鲁克 . 卓有成效的管理者 [M]. 许是祥，译 . 北京：机械工业出版社，2009.

[8] 巴纳德.经理人员的职能 [M].王永贵，译.北京：机械工业出版社，2007.

[9] 陈春花，曹洲涛，宋一晓，等.组织行为学 [M]. 4 版.北京：机械工业出版社，2020.

[10] 韦尔奇，拜恩.杰克·韦尔奇自传 [M].曹彦博，孙立明，丁浩，译.北京：中信出版社，2007.

[11] 胡舒立，王烁，孙文婧.专访伊梅尔特：GE 进化论 [EB/OL].（2016-05-02）.https://weekly.caixin.com/2016-04-29/100938097.html.

[12] 郭士纳.谁说大象不能跳舞？：IBM 董事长郭士纳自传 [M].张秀琴，音正权，译.北京：中信出版社，2003.

[13] 刘炜祺.8 年投入逾百亿，美的数字化转型就像"改造旧城"[EB/OL].（2021-02-08）.https://baijiahao.baidu.com/s?id=1691132933888438512.

[14] 罗宾斯.组织行为学：第 10 版 [M].孙健敏，李原，译.北京：中国人民大学出版社，2004.

[15] 麦克沙恩，格里诺.组织行为学：第 3 版 [M].井润田，王冰洁，赵卫东，译.北京：机械工业出版社，2007.

[16] 陈春花.中国管理问题 10 大解析 [M].北京：机械工业出版社，2016.

[17] 陈春花.成为价值型企业 [M].北京：机械工业出版社，2016.

[18] 德鲁克.管理的实践 [M].齐若兰，译.北京：机械工业出

版社，2019.

[19] 陈国权. 组织行为学 [M]. 北京：清华大学出版社，2006.

[20] 马斯洛，等. 人的潜能和价值 [M]. 林方，编. 北京：华夏出版社，1987.

[21] 周其仁. 产权与制度变迁：中国改革的经验研究 [M]. 北京：社会科学文献出版社，2002.

[22] 德鲁克. 管理未来 [M]. 李亚，邓宏图，王璐，等译. 北京：机械工业出版社，2019.

[23] 福特. 我的工作与生活 [M]. 梓浪，莫丽芸，译. 北京：北京邮电大学出版社，2005.

[24] 曼海姆. 卡尔·曼海姆精粹 [M]. 徐彬，译. 南京：南京大学出版社，2002.

[25] 何森. 企业英雄：企业家个性、经历与成功素质分析 [M]. 北京：中国经济出版社，2003.

[26] 俞文钊. 现代领导心理学 [M]. 上海：上海教育出版社，2004.

[27] 西蒙. 管理行为：原书第 4 版 [M]. 詹正茂，译. 北京：机械工业出版社，2004.

[28] 明茨伯格，阿尔斯特兰德，兰佩尔. 战略历程 [M]. 魏江，译. 北京：机械工业出版社，2020.

[29] 安德森，斯威尼，威廉斯. 数据、模型与决策：管理科学篇 [M]. 侯文华，等译. 北京：机械工业出版社，2006.

[30] 薛声家，左小德. 管理运筹学 [M]. 2 版. 广州：暨南大学

出版社，2004.

[31] 帕斯卡尔，阿索斯 . 日本的管理艺术 [M]. 张宏，译 . 北京：科学技术文献出版社，1987.

[32] 金，莫博涅 . 蓝海战略：超越产业竞争 开创全新市场 [M]. 吉宓，译 . 北京：商务印书馆，2005.

[33] 王丹 . 安然神话为何破灭 [EB/OL].（2002-01-15）. https://www.cctv.com/special/363/3/32623.html.

[34] 沃尔顿，休伊 . 富甲美国：沃尔玛创始人山姆·沃尔顿自传 [M]. 杨蓓，译 . 南京：江苏凤凰文艺出版社，2015.

[35] 德鲁克 . 巨变时代的管理 [M]. 朱雁斌，译 . 北京：机械工业出版社，2019.

陈春花管理经典

关于中国企业成长的学问

一、理解管理的必修课	
1.《经营的本质》	978-7-111-54935-2
2.《管理的常识：让管理发挥绩效的8个基本概念》	978-7-111-54878-2
3.《回归营销基本层面》	978-7-111-54837-9
4.《激活个体：互联网时代的组织管理新范式》	978-7-111-54570-5
5.《中国管理问题10大解析》	978-7-111-54838-6
二、向卓越企业学习	
6.《领先之道》	978-7-111-54919-2
7.《高成长企业组织与文化创新》	978-7-111-54871-3
8.《中国领先企业管理思想研究》	978-7-111-54567-5
三、构筑增长的基础	
9.《成为价值型企业》	978-7-111-54777-8
10.《争夺价值链》	978-7-111-54936-9
11.《超越竞争：微利时代的经营模式》	978-7-111-54892-8
12.《冬天的作为：企业如何逆境增长》	978-7-111-54765-5
13.《危机自救》	978-7-111-64841-3
14.《激活组织：从个体价值到集合智慧》	978-7-111-56578-9
15.《协同》	978-7-111-63532-1
四、文化夯实根基	
16.《从理念到行为习惯：企业文化管理》	978-7-111-54713-6
17.《企业文化塑造》	978-7-111-54800-3
五、底层逻辑	
18.《我读管理经典》	978-7-111-54659-7
19.《经济发展与价值选择》	978-7-111-54890-4
六、企业转型与变革	
20.《改变是组织最大的资产：新希望六和转型实务》	978-7-111-56324-2
21.《共识：与经理人的九封交流信》	978-7-111-56321-1

春暖花开系列

书名	ISBN	定价
让心淡然（珍藏版）	978-7-111-54744-0	59.00
在苍茫中点灯（珍藏版）	978-7-111-54712-9	39.00
手比头高（珍藏版）	978-7-111-54697-9	39.00
让心安住（珍藏版）	978-7-111-54672-6	49.00
高效能青年人的七项修炼	978-7-111-54566-8	39.00
大学的意义	978-7-111-54020-5	39.00
掬水月在手	978-7-111-54760-0	39.00
波尔多之夏	978-7-111-55699-2	49.00
让心单纯	978-7-111-62826-2	69.00
带妈妈去旅游（珍藏版）	978-7-111-62099-0	69.00